中国经济为什么能书系

「创」梦先行者

STARTUP SUCCESS STORIES OF CHINA'S YOUNG DREAMERS

《经济日报》 著

U1005330

新世界出版社
NEW WORLD PRESS

图书在版编目（CIP）数据

“创”梦先行者 /《经济日报》著 . -- 北京 : 新世界出版社 , 2019.11
（中国经济为什么能书系）
ISBN 978-7-5104-6917-6

Ⅰ . ①创… Ⅱ . ①经… Ⅲ . ①企业家－生平事迹－中国－现代 Ⅳ . ① K825.38

中国版本图书馆 CIP 数据核字 (2019) 第 230412 号

“创”梦先行者

作　　者：《经济日报》
责任编辑：孔德芳
装帧设计：贺玉婷
责任印制：王宝根　苏爱玲
出　　版：新世界出版社
社　　址：北京西城区百万庄大街 24 号 (100037)
发 行 部：(010)6899 5968　(010)6899 8705（传真）
总 编 室：(010)6899 5424　(010)6832 6679（传真）
http://www.nwp.cn
版 权 部：+8610 6899 6306
版权部电子信箱：nwpcd@sina.com
印　　刷：天津中印联印务有限公司
经　　销：新华书店
开　　本：787mm × 1092mm　1/16
字　　数：250 千字　印张：17.75
版　　次：2019 年 11 月第 1 版　2019 年 11 月第 1 次印刷
书　　号：ISBN 978-7-5104-6917-6
定　　价：48.00 元

编写组人员

组长　武力

组员（排名不分先后）

代　明　刘　亮　韩　叙　董庆森　张　虎

管培利　周　剑　王宝会　李　杰　辛自强

刘春沐阳

中国经济为什么能?

张小影
经济日报社社长兼总编辑

成为世界第二大经济体、第一大工业国、第一大货物贸易国、第一大外汇储备国，拥有世界最大规模中等收入群体为主要支撑的消费市场、全球最大的旅游市场、130 多个国家（地区）的主要贸易伙伴，对世界经济增长的贡献率达到 1/3，成为当之无愧的动力之源、稳定之锚……百年来多少仁人志士的图强梦想，中国做到了！

与之相伴的，是唱衰中国经济、鼓吹中国崩溃的噪音一直不绝于耳。世界赫然发现中国在全球经济衰退的旋涡中“风景这边独好”，以举足轻重的地位跻身世界外交和经济舞台前沿，“中国崩溃论”在沉甸甸的“中国答卷”面前业已崩溃。是什么让中国经济将“不可能的奇迹”继续下去？是什么让中国人民在各种危机挑战袭来之际奋发前行？是什么让社会主义中国成为“打破经济学教科书常规的国家”？简言之，“中国经济为什么能”，成为许多人心中的巨大问号。

“改革开放是决定当代中国命运的关键一招，也是决定实现‘两个一百年’奋斗目标、实现中华民族伟大复兴的关键一招。”40 年前，中国共产党人从实际出发、从民心出发，“解放思想，实事求是，团结一致向前看”，吹响了历史转折的嘹亮号角，也开启了当代中国发展进步的活力之源。亿万人民张开双臂，迎接科学和教育的春天，创新创造热情涌动，沉重国门越开越大，无数企业家成长起来，参与世界范围内的竞争，中华民族大踏步赶上时代、引领时代。贯穿 40 年的大逻辑里，就蕴含着“中国经济为什么能”的终极秘密。

这个大逻辑，就是实事求是、人民至上。它构成了中国特色社会主义的坚实内核。

实事求是，使得我们能够在科学把握规律的过程中创造性地推动制度变革。中国共产党人的伟大之处，在于兼具了真正马克思主义者的实事求是的态度和解放思想的勇气。“我国的社会主义社会还处于并将长期处于初级阶段”的形势分析，站在历史唯物主义的立场为市场经济的引入奠定了基础；“是否有利于发展社会主义社会的生产力、是否有利于增强社会主义国家的综合国力、是否有利于提高人民的生活水平”的判断标准，使人们思考问题从空泛的议论转向从实际效果出发；市场和计划都是“手段”，撕掉了长期以来贴在市场经济身上的资本主义标签，使社会主义市场经济由此成功破题，在40年的实践中，通过不断放大市场在资源配置中的作用，实现效率提高和财富增进，极大地解放和发展了生产力。时至今日，社会主义不仅没有被市场经济“和平演变”，反而在市场繁荣、经济飞跃中焕发出前所未有的生机和活力。铁的事实反复印证着一个坚定的判断——“中国不走这条路，就没有别的路可走。只有这条路才是通往富裕和繁荣之路”。

人民至上，使得我们能够在“千磨万击”中始终拥有最大动力引擎。过去40年的每一步创新、每一次突破，都曾遭遇继承和发展、当前与长远、渐进与闯关的两难选择，更有来自政治经济、国际环境以及自然界突发灾害的风险挑战。之所以每次都能顺利闯关，就是因为中国的改革从一开始，就认清了自己的主体力量。亿万中国人从僵化沉闷中觉醒，锻造了眼光和胆识，开阔了视野和胸怀，积蓄了底气和追求，无数企业家成长起来，成为中国经济最活跃的细胞。改革发展成果更多更公平地惠及全体人民，社会大局在深刻变革中始终保持稳定，党和国家才能在各种风浪面前始终沿着正确航向前进。正是因为改革依靠人民、改革为了人民，才催动了社会主义中国焕发生机活力的强大引擎，并且始终保持了澎湃动力。亿万中国人的动能汇聚成中国经济的动能。为此，我们与新世界出版社共同策划了“中国经济为什么能”精品书系出版工程，将重心聚焦到人物身上。

在社会经济活动中，人的作用是最具主观能动性的，是最不可忽视的，中国的改革开放、经济发展，离不开广大人民群众的努力奋斗，离不开经济领袖人物的探索和表率作用，离不开女性企业家的贡献，离不开具有开拓精神和奉献精神的企业家，离不开具有创新精神的小微企业创立者。人的故事最具有打动人心的效果，最具有传播力和影响力，也最能够反映时代的变迁和中国人民追求中国梦、实现中华民族伟大复兴的精神力量。本书系以《中国经济为什么能？》作为总的问题，将答案蕴藏在中国经济人物的各卷中，在讲述中国人的故事的同时，讲述中国经济的故事。

中国新时代，改革再出发。当前我们面临的挑战，从内部看，主要来自以下几个方面：第一，经济持续高速增长的阶段已经结束，开始迈向速度适中的高质量增长阶段，需要为更加健全和完善的社会主义市场经济体制提供制度保障；第二，经济高速发展过程中积累的一系列问题亟待解决，诸如环境资源、产业结构、城乡一体、就业、人口老龄化等。这些问题在发达国家历史上是几百年间递次出现的，而在中国，却是由于高速发展而把所有问题挤压到一起，增加了解决的难度和紧迫性；第三，在利益多元化的情况下，统筹协调各方、凝聚改革共识、实现有效治理，要比以往复杂得多。从外部看，中华民族伟大复兴的势能强劲，必然多角度、多层面地触动一些传统大国的神经，在这个比较敏感的阶段，处理对外关系必须注意目标、实力和手段的平衡。

如果说改革之初，我们面对的是九曲回环的“河”；未来，我们要跨越的将是波澜壮阔的“海”。从治国理政的角度看，我们党要集中精力，从谋求经济的高速发展转向统筹国际国内两个大局、引领经济社会协调发展，努力实现在本世纪中叶建成富强民主文明和谐美丽的社会主义现代化强国的奋斗目标。新的起点，新的长征，我们还要牢牢记取40年改革开放的成功经验，坚持实事求是，坚持人民至上，在“向着一个无人能够预言的未来前进”的征途上，在“中国为什么能”“中国经济为什么能”“中国共产党为什么能”的历史考卷上写下更为出色的回答。

目录

CONTENTS

柔宇科技 / 创业“魔法秀”

经济日报·中国经济网记者　喻剑

企业小传

柔宇是全球柔性显示、柔性传感、VR 显示及相关智能设备的领航者，专注于下一代人机交互及万物互联技术和产品的研发、生产和销售。2012 年创立于硅谷、深圳和香港，已获国内外知名风投多轮投资，公司创立 5 年多估值已近 50 亿美元。2014 年首发 0.01 毫米全球最薄柔性显示屏，引领柔性电子产业新潮流。2018 年点亮投产全球首条具有自主知识产权的类六代全柔性显示屏大规模量产线。

在位于深圳湾附近的新办公区内，柔宇科技设置了一个开放式展厅。展厅陈列的薄如蝉翼的全柔性显示屏以及柔性传感器、3D 移动影院等产品，吸引了世界各地慕名而来的参观者及合作伙伴。柔性显示带给人们极富未来感的视觉体验，正引领性地突破全球现有显示科技行业格局。

与从容淡定、温文尔雅的个性形成反差，柔宇科技创始人兼 CEO 刘自鸿的创新创业故事极富新意与颠覆感：学生时代发明“自动光强调节系统”解决舞台灯光调节问题，研发“可穿戴式半导体传感系统”赋予电热毯智能感知力，设计“室内综合运动模拟系统”可实现在家中打高尔夫与保龄球……如今的刘自鸿已然是一名“资深”创客，他早期的创业就已精准击中行业“痛点”，甚至提前瞄准了几年后的潮流与趋势。

有人说，刘自鸿的创业经历如同魔法师表演的一场大秀，总在不经意间变出“鸽子”、喷出“火焰”、抖出“包袱”，令观者大开眼界。

“解决问题就是在创造价值”

从大学至今，刘自鸿的创新创业一直沿袭着同一种方式：发现生活中的问题，并用专业的知识去解决它。而解决生产生活实际问题带来的巨大价值，正被创业和产业界不断证实。

刘自鸿的创新创业经历始于清华大学电子工程系的本科生涯。清华大学课业繁重、学业竞争十分激烈，但他并没有把全部时间放在功课上。他对艺术有浓厚兴趣，刚入读清华就加入学生艺术团，主持节目、演出话剧，与艺术团同学交流切磋寻找共鸣。他的首个发明创造，也与演出经历相关。

在大二时的一次话剧排练过程中，由于舞台上灯光过于耀眼，刘自鸿请灯光师调暗亮度，结果又变得太暗。他思考：舞台灯光调节系统为何不能实现自动控制呢？预先设定好程序参数自动检测光强，不就可以轻松实现了吗？很快，他就用自己所学专业知识制作了一套自动光强调

2015年10月，李克强总理考察柔宇科技柔性显示项目

节系统，参加了清华大学“挑战杯”比赛并获奖。

回想起创新创业经历，刘自鸿认为艺术团生涯和艺术思维对他影响很大，带来了不少启发。在应用科学领域创业创新，工科的严谨缜密与艺术的天马行空相结合，或许能碰撞出更为耀眼的火花。“科学、技术、工程发展的最前沿和最极致状态一定是艺术级的，英语中就用‘state of the art’（艺术水准）来形容事物的最高水准。”他说，“今天柔宇的柔性显示屏、柔性电子传感器和3D头戴影院等产品的开发，卷曲的弧度、影院的机械构造在设计上都要融入艺术理念，贴近人们对美感的追求。”

按照兴趣指引，做自己喜欢而且擅长的事情，这是刘自鸿创业面临选择时坚持的一个原则。“做自己喜欢的事情，就不会觉得枯燥，在奋斗的道路上会有很多快乐，扛得住各种磨砺和挑战；有了快乐充实，生命就被赋予了新的含义，根本没有时间去懈怠。”他说，“而且要找自己擅长的事情做，因为有基础、有积累，才能比其他人做得好。”

刘自鸿在江西长大，潮湿阴冷的冬夜经常需要用电热毯取暖，但有一个使用“痛点”令他记忆深刻：开久了容易觉得燥热，关掉后很快又会觉得冷。为何不能智能一些？大四时他研究半导体传感器，并查阅医学资料，设计出一种手腕穿戴式半导体传感系统，这种可穿戴的“手表”能实时感知检测生理状态、自动开启或停用电热毯。他带着这个名为“人体生物智能传感及应用系统”的项目参加第八届“挑战杯”全国大学生课外学术科技作品竞赛，获个人特等奖和全国总冠军。那一年，20 岁的刘自鸿没有想到，10 年之后可穿戴式电子设备竟成为国际上最受追捧的产品之一。

读研究生时，刘自鸿组织了一个 10 人团队，研发出一套“室内综合运动模拟系统”，可以实现在家里打高尔夫与保龄球，这个项目在清华大学的学生创业大赛中获最佳创意奖。“我们还做出了原型机，准备拿去创业。”但是，由于当时的风险投资机构对学生创业项目的投资十分谨慎，这次创业未能顺利开展。

几年后，Xbox、PS4 等游戏设备在全球风靡一时。

两次错过“入场”的最佳时机，这让刘自鸿略有惋惜，但他赢在了对产品价值和产业趋势的判断。他认为，“创业者不能保证创业成功，可以坚持‘好的创业’。‘好的创业’所选择的方向一定要对社会有正向的价值，做的事业可以让世界变得更美好，你就会从中找到坚持的意义，不会轻易放弃”。

斯坦福草地畅想曲

2006年秋天，23岁的博士新生刘自鸿抵达美国斯坦福大学。依照教学惯例，斯坦福大学学术导师会列出一些课题和方向供学生选择。然而，在导师给出的课题列表里，刘自鸿没有找到足够感兴趣、愿意投入10年20年甚至一辈子去做的方向。

躺在斯坦福大学校园开阔的草地上，刘自鸿畅想着未来：人与外界的交流，信息输入方式中70%是依靠视觉。那时，液晶平板电视正在开始取代CRT显示器，但为什么所有的显示屏都是方方正正？能不能再薄一些？同时，目前的屏幕显示技术无法在大画幅、高清晰度和便携性上兼得：小屏幕无法做到很高清；高清屏幕通常画幅又很大，无法做到便携。

刘自鸿想到，如果大屏幕可以变得像纸一样薄，甚至可以卷起来随身携带，是否可以解决当前显示技术面临的难题？他决定以“柔性显示”作为自己的博士研究方向。

他向自己的学术导师表达了自己的想法，教授听完后很是惊讶：“第一，以往都是学生选我的课题，还没有学生自己提出课题的先例；第二，我也没有研究过这个方向。”刘自鸿回答说：“创新就是创造新事物，没有人研究过才是真正的创新，相信教授在工业界的多年经验能给这个想法带来很多帮助，我们可以共同研究。”

时至今日，刘自鸿依然记得教授的教导：新的产品要产生大的社会价值，应该让它尽量实现工业化和产业化。10多年前，刘自鸿在斯坦福埋下“柔性显示”的种子；10多年后，他让一个念头演变成一系列产品，将一组畅想曲谱写成一场宏大的交响乐。

定义下一个时代的人机交互

只用了不到3年时间，刘自鸿就拿到了斯坦福的博士学位。他也曾考虑过毕业后就立刻在柔性显示领域创业，但那时美国正深陷国际金融危机中，寻找创业投资更是难上加难。正好当时得到了纽约IBM公司著名的沃森研究中心的邀请，所以他就去了IBM工作。

2011年下半年，美国经济开始复苏，创业时机已到。2012年年初，刘自鸿从IBM辞职，开始组建创业团队。同年8月，柔宇科技有限公司在深圳和硅谷、中国香港同步成立，并先后获得一批国内外知名风险投资机构十几亿美元的投资和广东省创新创业团队计划、深圳市“孔雀计划”的支持。

攻克柔性显示屏的技术屏障困难重重。与液晶屏不同，柔性屏要在

柔宇科技2014年发布厚度仅0.01毫米的全球最薄柔性显示屏

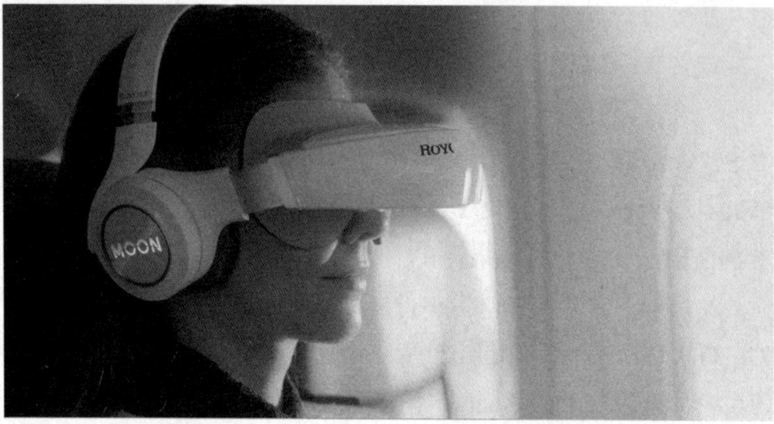

柔宇科技自主研发的 3D 移动影院 Royole Moon 已销售到 20 多个国家和地区

一个极薄的薄膜上做出千万个晶体管，再把发光的材料做上去，这对技术和工艺的要求都非常高。用刘自鸿的话说，这就像“在豆腐上盖一栋大楼”；柔性显示行业从无到有，从上游材料工艺、电子器件到下游产品设计都需要重新搭建，因所涉基础行业太多，一时也难以看到成效。不过，虽有千难万阻，刘自鸿毫不妥协，仍然对前景充满信心。

2014 年 8 月，柔宇科技发布厚度仅 0.01 毫米的全球最薄彩色柔性显示屏。这项“黑科技”带来的巨大商业想象空间，瞬间将柔宇捧上风口浪尖，几乎令其“一战成名”。

2018 年 6 月，总投资约 110 亿元的柔宇科技全球首条类六代全柔性显示屏大规模量产线在深圳点亮投产。与传统面板厂商动辄投入几百亿元的产线相比，柔宇完全自主研发的全柔性显示屏，柔性和显示性能更加优越，量产线良率更高，投资成本也更低。

一个多月后， 2018 年俄罗斯世界杯决赛在莫斯科举行，柔宇科技自主研发的全球第一款真正意义的高清柔性屏时尚衣帽惊艳亮相，T 恤和礼帽中镶嵌的全柔性显示屏滚动播放着高清的球赛信息，成为各国球迷们的看球利器。

创立仅 5 年多时间，柔宇科技的估值已达约 50 亿美元，并在国内外储备了超过 2000 项核心技术知识产权，其柔性显示技术可广泛应用于各类电子产品中，包括消费电子、智能交通、智能家居、运动时尚、建筑装饰等。

“柔性显示屏、柔性传感器仅仅只是一个窗口，窗口打开之后你会看到一片‘森林’，这片‘森林’包括无数电子产品和内容的设计。所以柔性显示、柔性传感技术影响的不仅仅是一个产品，更多是一个产业和生态链。”刘自鸿举了个例子，如果柔性显示屏在手机领域广泛运用，智能手机和平板电脑完全可实现融合，手机厂商可将手机设计成携带、通话时的折叠小屏幕状态以及上网、娱乐时的展开大屏幕状态，消费者可在不同状态间自如切换。

“未来信息技术的核心方向有三个：人机交互、人工智能和万物互联。”刘自鸿说，人机交互是人与机器的沟通方式，也是人们感知信息

柔宇科技全球首条具有自主知识产权的类六代全柔性显示屏大规模量产线于 2018 年 6 月投产

2018世界杯决赛现场，球迷头戴柔宇的柔性屏时尚礼帽

的方式；人机交互中，机器接收到信息后进行分析做出决策，这是人工智能；只有人机交互或人工智能的个体，仍然只是孤立的系统，通过万物互联的技术将它们连接起来，便形成了智能信息网。“我们希望通过卷曲的柔性电子，创造下一个时代的人机交互方式。”

创办柔宇科技以来，刘自鸿付出的专注与激情超乎寻常。他几乎每天工作时长超过 16 个小时，至今往返中美飞行里程超过 100 万公里。创业之初，为了节省开支，他曾在硅谷朋友家的小客厅打了一个月“地铺”。他说：“我们并不太看重物质生活带来的安逸，更希望自己所做的事能给社会带来更多价值，让更多人更好地感知世界，拥有更好的生活。”

柔宇科技董事长兼 CEO 刘自鸿博士

创业者说

柔宇科技创始人兼 CEO 刘自鸿

作为改革开放后成长起来的“80后”，我们非常幸运，有机会获得国内良好的教育并得以到国外留学，了解国际最新的科技知识和文化理念。回顾柔宇6年来的创业历程，我们最常想到的词是“天时、地利、人和”。正是得益于我国改革开放以来多年的积累，我们在留学归国后能够聚集海内外优秀的人才，将创业初期的梦想变为扎扎实实的技术和产品，高效实现从0到1、从1到N的多方位自主创新。

身处最好的创新创业时代，我们经常思考自身在新时代的历史方位和历史责任。国际信息产业的硬件基础是“一芯一屏”，这两者的基础研发和创新都需要厚积薄发，意义不言而喻。我们深知，企业如果片面追求商业规模或量产规模，不愿意忍受寂寞做底层核心技术的自主研发，最后就会变成“纸糊的风筝”——看起来飞得很高，下点雨就趴下了，所以必须坚定硬科技的底层自主创新，实现长远价值。

中国正在融入经济全球化进程，科技工作者也处在一个前所未有的伟大时代。这个时代，变革速度更快、开放程度更高、创新强度更大，科技工作者们拥有更多的机会创造更大的价值，当然也会面临更多的诱惑和挑战，这更需要我们脚踏实地，保持真知灼见。受得了委屈、熬得住寂寞、经得起诱惑，这些精神始终非常珍贵。

创新的过程常常要经历“五个不”的挑战，从“不敢做”，到“不重视”“不相信”“不理解”，最后“来不及”，只有跨越了这“五个不”，我们才能抓住创新机遇走在国际前列。

大疆创新

从“窄门”飞向辽阔疆域

经济日报·中国经济网记者　喻剑

企业小传

DJI 大疆创新致力于用技术与创新力为世界带来全新视角。成立于 2006 年的 DJI 大疆创新，以“未来无所不能”为主旨理念，在无人机系统、手持影像系统与机器人教育领域成为全球领先的品牌，以一流的技术产品重新定义了“中国制造”的创新内涵。

12 年间，DJI 大疆创新不断革新技术和产品，开启了全球“天地一体”影像新时代；在影视、农业、地产、新闻、消防、救援、能源、遥感测绘、野生动物保护等多个领域，重塑了人们的生产和生活方式。2017 年年底大疆创新销售额突破 180 亿元，客户遍及全球百余个国家和地区。

做一台普通人就能简单上手的“空中之眼”有多大市场？从推出首款一体化航拍无人机“精灵”至今，深圳市大疆创新科技有限公司用5年时间给出了“年销售额180亿元”的答案，同时每年还以超过60%的增速持续上涨；在全球所有的区域市场，大疆都占有着民用无人机绝对领导者的市场份额。美国《时代》周刊甚至将大疆“精灵”列为有史以来最具影响力的50款科技产品之一。

在全球主要的科技消费产品领域成为引领者，大疆究竟靠什么迅速崛起？大疆创新总裁罗镇华说，专注于技术产品，技术深化取得突破之后，市场自然会无限大。大疆的秘诀，是“走窄门”——关注那些尚未突破的技术、还未出现的设计、仍需培育的市场；同时做好“铺路石”，帮助更多的行业通过无人机技术，完成创意、提升效率、自我迭代。

8年摸索“会飞的照相机”一朝扬名

如果不是发自内心的热爱和对科学技术客观规律的尊重，大疆不会是今天这样一家风格独特的创新企业。

开启民用无人机这个行业，并不是大疆规划之中的事情，但也在情理之中，这源于大疆创始人汪滔长年来对天空和科技的热爱。

与许多“80后”一样，汪滔从小是个“航模迷”，但遥控航模很难控制。这一兴趣与现实科技的缺憾延续到了汪滔的大学时代。2005年汪滔在香港科技大学准备本科毕业设计课题，研究内容正是设计直升机飞行控制器，核心功能是如何实现自动悬停。这一研究，奠定了汪滔今后的事业道路。2006年汪滔在香港科技大学攻读研究生课程的同时创办了大疆。

创业之初，汪滔就为大疆设定了“做世界最好产品”的高标准。大疆最初面向航模爱好者领域开发与销售系统模块。经过长时间的打磨，大疆成为航模这个小圈子里炙手可热的“名牌产品”。

大疆最初的主营业务是研发生产用于直升机航模的飞行控制系统。

2008年大疆第一款直升机飞行控制系统XP3.1面市，这款系统能让直升机航模实现空中自动悬停。产品通过一些专业网站或论坛获得订单，渐渐赢得业内口碑，到2010年，大疆每月已有几十万元销售额。

随着包括微机电系统（MEMS)等产业技术的成熟，大疆的客户中多旋翼飞行器的用户渐渐多了起来。大疆迅速调整策略，选择了多旋翼飞行控制系统作为新的主攻方向。

当时多旋翼飞行器的主流用户群体是“发烧友”，他们会购买组件下载代码自行组装拼接，产品使用门槛很高，可靠性差强人意。大疆发现，这些多旋翼飞行器的玩家，许多人会专门购买用于安装、固定摄像机的支撑稳定设备，用于悬挂相机实现航拍。

对产品的极致追求让大疆敏锐地找到了这个未被突破的技术产品领域——无需组装，到手即飞的一体化航拍无人机。大疆调动成立6年来所有的技术储备，完成了飞控系统、动力系统、通信系统和机械结构技术的攻坚。花了短短一年时间，大疆推出了里程碑式的多旋翼无人机产品——第一代“精灵”。

这是一款“会飞的照相机”，技术高度集成。“‘精灵’系列推出后，大疆开始形成统一的产品特性——易用度极高、性价比很高。”专业航模爱好者陈章说。自此，大疆将无人机从航模爱好者的小众市场拓展到普通消费者的大众市场，创造并激活了整个产业。

快速迭代的“空中机器人”

极快的技术迭代与响应速度，在核心领域的技术竞争力与产品整合能力，成为大疆保持领先优势的利器。对技术本身的热忱执着与对市场需求的密切关注，推动大疆不断创新技术、优化用户体验，由此构建的在飞行控制、云台、图像传输、相机等核心领域的技术竞争力与产品整合能力，成为大疆保持大幅领先优势、持续领跑无人机产业的利器。

“会飞的照相机”有何奥义？它提供了全景视角的“天空之眼”。

天空视角拍摄风光，具备天生的视觉冲击力；在一些特别的场景，唯有从空中俯瞰，才能体会到启迪意义。

“把高素质的航拍能力提供给普通消费者，这带来了颠覆式的意义。从此航拍镜头成为影视项目的标配，而个人消费者做影视表达也成为越来越流行的事情，无论是节庆、旅行还是记录日常生活。与此同时，各行业运用无人机执行负载任务搜集数据，也成为提升效率和生产力的最佳工具。”大疆创新公关总监谢阗地说，“大疆一直是在技术和产品上

精灵 P2V+，大疆第一台搭载三轴云台相机的航拍一体机

做到极致，在不同市场的应用，往往都是具有创造力的客户自己想出来的方案，让很多生产生活中的难题变得迎刃而解。”

最直接的受益者当然是影视摄制组，由于不用再花高价租用直升机，他们可以大大方方地设计航拍计划。在墨西哥的加利福尼亚湾，无人机竟然被巧妙地用来采集鲸喷出的水柱样本。

在尼泊尔地震灾后重建中，无人机盘旋在灾区上空，通过航拍执行了多样化的建筑勘测任务；在火场救援中，无人机飞越火焰之上，帮助消防员看清着火点的位置、物体与火势大小，由此确定灭火策略；寻找失踪者时，无人机可在短短几分钟获得对上千亩地区的航拍影像资料，不再需要派大队人马开展“地毯式”搜索……

2018 年 7 月，一名 65 岁的苏格兰登山者在攀登世界第 12 高峰布洛阿特峰过程中失踪，大本营通过一台大疆“御”Mavic Pro 在海拔 8000 米找到了这名登山者并成功营救。无人机技术为普通人所用，创造了越来越多的奇迹。

全球无人机用户将大疆的无人机与影像技术扩展应用到了各行各业。这几年，大疆从无到有地创造了无人机市场需求，市场需求也反过来影响了大疆无人机产品未来的发展方向：一是让消费类无人机更智能、更轻巧、更易用、更低价；二是加快发展无人机行业应用，根据产业需求差异化提供定制产品和技术解决方案，大疆建立了专门团队与测绘、环保、农业、电力等领域的用户进行深度沟通；三是推动全行业投身产业中下游无人机技术应用的创新，提供开发者平台与培训，发展技术开发者生态。

陈章见证了大疆产品技术的快速迭代与进步。“在‘悟 1’推出之前，大疆部分产品在遇到外界强干扰时，飞行容易失控甚至发生‘炸机’事故。大疆很快修正了这个问题。到今天，由于产品本身缺陷导致的事故已经很少了。”陈章说，“除了纠错速度，大疆主打产品的更新速度也体现出超强的技术储备实力。”以无人机产品“精灵”系列为例，从 2012 年至今，大疆在“精灵”产品线上共推出 4 代 13 款一体机产品——“精灵 1”内置 GPS 模块，形成一体机的基本雏形；“精灵 2”高度整合图像传输和拍摄技术，并加入大疆自主研发的相机；“精灵 3”加入视觉定位系统，部分实现智能化；2016 年发布的“精灵 4”率先将机器视觉引入了量产的消费电子产品中，堪称“划时代的产品”，将人工智能能力落地进入实用场景。依靠机器视觉，无人机已经具备环境感知与避障、视觉追踪、指点飞行、手势控制等等创新功能，成为具有一定自主能力的“空中机器人”。

在保持极高市场占有率的同时，大疆的新品技术迭代速度之快，代际技术提升幅度之高令同行“望而生畏”。据不完全统计，2016 年起，大疆年平均推出新品达十多款，每年都在刷新多个领域的技术标杆。这无疑树立了非常高的行业竞争门槛。

与苹果、微软等技术上自成一体的企业类似，大疆已经形成技术与产品系统高度自给自足的闭环。“无人机的安全性非常重要，它和地面行驶的车辆不同，车辆有故障可以随时停下来，而无人机要尽可能避免从空中坠落。相比开源系统，闭环更能保证产品安全。比如大疆的地理围栏系统，有效让无人机无法飞入禁飞区，保证了公共安全。”大疆相关负责人介绍说。

大疆于 2014 年开始构建无人机技术开发者生态，从“移动端开发者套件”（Mobile SDK），到“机载计算平台开发者套件”（Onboard SDK），2018 年大疆还推出了“负载系统开发者套件”（Payload SDK），持续向开发者开放技术，培养产业生态，鼓励不同背景的技术人才、工科学生与应用工程师共同来挖掘民用无人机的新应用领域。“无人机技术的普及，是信息技术（IT）行业的新浪潮，也是工业信息化、政务信息化中重要的铺路石。未来无人机行业的开发者会像现在 IT 业中的程序员那么普遍，那时无人机行业应用会迎来爆发式的增长。而无人机产业的中下游，也将诞生诸多的新兴独角兽企业。”谢阗地说。

构建无人机行业新生态

每年投入超过 5000 万元，打造一场精彩刺激、极具观赏性的机器人竞技比赛，让工程师也能成为“明星”

大疆是“人才是第一资源”坚定的支持者与实践者。从创始人汪滔到一线执行的工程师，都认为大疆需要源源不断更出色的科技人才，才能不断突破技术的极限。而这需要全社会的工程师人才密度更高，工科学生有更好的实践平台与更受尊重的社会地位。

2015 年，汪滔做出了一个看起来有些理想主义的举动——在看不到任何实际回报的情况下，每年投入超过 5000 万元，发起并承办 RoboMaster 机甲大师赛。这是为在校大学生中的技术高手设置的专业赛事，初衷是普及机器人技术开发，为全社会挖掘机器人工程师人才。同时，汪滔要求必须“打造一场精彩刺激、极具观赏性的机器人竞技比赛，让工程师也能成为‘明星’”。

创办赛事的念头与汪滔的求学经历不无关系。10 多年前，香港科技大学开设了一门新课程“机器人设计”，让不同专业、不同背景的学生沟通合作，运用涵盖电磁、机械系统、电子系统、软件系统等多领域的知识，解决产品设计的实际问题。学生自己动手做设计，必须到深圳采购机器人零部件，深入接触深圳的智能硬件产业链。汪滔正是这门

搭载哈苏相机、拥有 1 英寸传感器的“御”Mavic 2 专业版

课程的学生之一，在课堂上，他精进技术、锻炼团队协调能力，组建起香港顶级的机器人设计团队，并率团两度参加亚太大学生机器人大赛（Robocon），最终获得香港冠军和亚太区并列第三的成绩。汪滔说这是大学阶段对他“影响最深远的经历”。

和传统机器人比赛不同，RoboMaster 机甲大师赛采用“机器人对战”的规则。双方机器人战队自行研发不同兵种的机器人协同对抗。篮球场大小的比赛场地设置了不同的地形与各种提升能力的机关，参赛双方组织策略部署进攻，在 7 分钟的比赛中，基地被击败或基地“血量”较低的一方将输掉比赛。

根据比赛规则，在硬件上，选手所用的参赛机器人全部由参赛队自行设计、研发、组装和操作，大疆提供机器人的基础部件，包括动力系统、电池等，机械图纸、电路原理图、控制代码全部开源。

技术方面，大疆提供最底层的技术指导，在各地组织线下的青年工程师大会，通过线下分享、线上交流等形式传递最新技术。

RoboMaster 技术总监介绍说，参加机甲大师赛所需要的各种技术，在大学工科、计算机电子自动化的专业书里都有，但要把它们组合起来变成一个机器人，对大学生来说颇有挑战：“我们在设计 RoboMaster 比赛规则时，尽量让这个规则中的技术点涵盖整个大学工科，尤其是电子自动化专业所有的内容。让本科生踮起脚能够到，研究生可以有更大的空间的技术应用。”

2018 年比赛中加入的“哨兵”机器人，就要求在无人操作的情况下主动识别敌我并主动攻击靠近的敌方目标，对于机械自动化和图像识别的要求都很高，另外，“工程”机器人需要完成重要的“登岛取单”工作，对于机械的伸缩式设计、结构稳定性方面也都有很高的要求。

这其中所用到的技术都可以与高端制造业的发展趋势接轨：例如步兵机器人搭载的视觉识别自动瞄准与自动驾驶汽车的计算机视觉技术一脉相承；工程机器人的取弹机械臂以及牵引机构也能应用于仓储物流机

器人上；机器人登岛时采用的整体升降式底盘更是复杂环境下提升轮式机器人通过性的重要技术……

表现力炫酷，内在技术扎实，大疆自身的风格与“基因”深深地融入 RoboMaster 机甲大师赛。从 2015 年至今举办的 4 届机甲大师赛，已经有一批参赛选手投身到机器人开发与创业的事业中。同时，RoboMaster 也在两年前开启了面向高中生的夏令营活动。2018 年的 RoboMaster 高中生夏令营，共收到了 400 多所学校近 1000 名学生报名。结营任务与比赛中的抓取弹丸的机械手臂设计相关，要求学生设计出具有抓举机构的机器人，完成物品的运输与搭建任务。

红方步兵机器人

除了举办夏令营的活动之外，大疆一直尝试如何将 RoboMaster 与学校课程相结合。据大疆创新总裁罗镇华介绍说，RoboMaster 已与深圳中学、深圳实验学校、深圳第二高级中学、广州执信中学、广州广雅中学、春晖中学、人大附中、澳门本地高中等 40 所高中合作开展机器人课程。大学课程方面，RoboMaster 已与北京航空航天大学、电子科技大学、东北大学、哈尔滨工业大学、清华大学、西南科技大学、燕山大学等 7 所高校开展教学合作，开设多旋翼飞行器原理、多旋翼飞行器应用开发及地面机器人应用开发等三门课程，推进实践与理论融合。

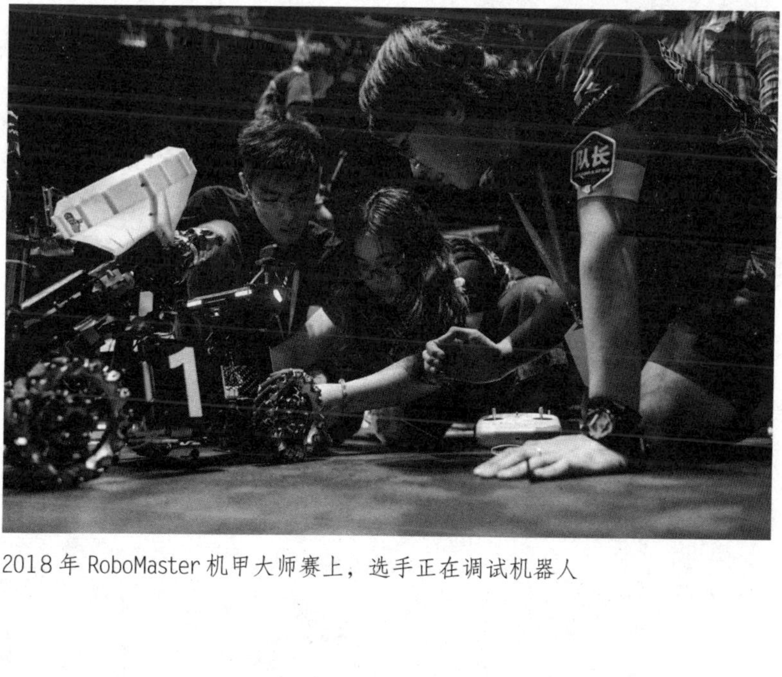

2018 年 RoboMaster 机甲大师赛上，选手正在调试机器人

大疆创新总裁　罗镇华

创业者说

大疆创新总裁　罗镇华

对大疆来说，从航模圈，到消费电子，到影视工业，继而到现在进入越来越多的行业，大疆的无人机系统、影像技术、软件与服务在持续发挥着工具的作用。

以大疆最大的客户市场影视传媒行业来说，我们相信并不是无人机改变了影视行业，而是影视行业通过无人机等工具，提升效率自我进化，实现更多的创意，也让更多青年创意者可以创作出令人惊喜的作品。

在其他的行业，也正发生着同样道理的故事。在公共安全领域，无人机正在持续提升维护安全、打击犯罪的效率。前不久看到一则报道，《一架大疆无人机加入警队 4 个月，墨西哥小城的犯罪率下降了 10%》。这个描述有些夸张，犯罪率的下降是整个警队工作效率提升的结果，不完全是无人机的功劳。但无人机像铺路石一样，支撑了公共安全向信息化发展，提升了效率，创造了价值。

铺路石发挥的作用不仅仅是支撑了一条道路，更重要的是有了道路，交通能力提升而有可能改变区域经济发展。

大疆正在越来越多的行业走向信息化、自动化的过程中，承担铺路石的角色。

亿航智能／载人飞行“颠覆者”

经济日报 · 中国经济网记者　郑杨

企业小传

亿航智能，2014年由胡华智创立于广州。作为全球首款自动驾驶载人飞行器的研发者，亿航智能以颠覆性创新打破了整个无人机行业的同质化竞争，成为全球民用无人机领域中，智能软件操控、手机体感遥控与VR眼镜的整合体验、全自动无人机编队飞行、自动驾驶载人飞行器、网联无人机、智慧城市指挥调度中心、无人机物流配送等诸多创新理念与应用的先行者。

因“极大地改变了普罗大众对飞行的认知和体验”，亿航被美国商业杂志《快公司》(Fast Company)评为“2016全球最佳创新公司”，并获评全球无人机企业前三强。

1957 年 7 月，美国著名科技杂志《大众机械》（Popular Machanics）封面绘出了一辆低空飞行的汽车，车中乘客欢快地俯瞰着脚下的森林和房屋。文章预言：10 年之后，也就是 1967 年，画中场景将变成现实。

直到近 60 年后的 2016 年 3 月，《大众机械》才等来了预言兑现的日子——当期杂志封面刊出了上述科幻图的“现实版”，一架来自中国的全自动驾驶载人飞行器。“让我们多等了 50 年！”杂志在找到其研发者——亿航智能公司时忍不住“抱怨”。谁能想到，一家 4 年前才杀入无人机“红海”的创业公司却给整个行业带来了颠覆性的革新。

在亿航智能展厅，记者见到了号称“全球首款自动驾驶载人飞行器”的“亿航 184”实物。这是无人机里的“大家伙”、客机里的“小鸟”——真的能坐人、不用人驾驶，关键是，它真的载着人在城市、沙漠、海滨飞过。或许不远的将来，普通人都能乘坐它享受无人机飞行的乐趣。

“亿航智能——让人类像鸟儿一样自由飞翔。”这家公司的墙上写着这样一句话。这不是一个营销噱头，而是一个孩子内心深处梦想种子的萌芽，是一群“创业明星”真真切切为之奋斗的现实。

这个当年的孩子，就是亿航智能创始人、董事长胡华智。这群“创业明星”，就是胡华智用梦想聚起的“超级合伙人”。现在，他们听到了梦想开花的声音——因“极大地改变了普罗大众对飞行的认知和体验”，亿航智能被美国《快公司》杂志评为 2016 全球最佳创新公司，并获评全球无人机企业前三强。

资深航迷的“小宇宙”

胡华智的童年像大多数男孩一样——迷恋一切能飞的东西，5 岁起就嚷嚷“长大要开飞机玩具店”，稍大些又沉迷电脑。不同的是，他的热爱并未随年龄的增长而消减；并且某天，两个并行的爱好交汇成了一个璀璨的梦想。

亿航智能无人机海报

13 岁那年，在一次考了满分之后，胡华智说服父母给自己买了一台真正的电脑。那个年代，昂贵的电脑无疑是笔巨大的投资。不过父母很快看到了回报，胡华智很快就在编程上取得了不小的建树，并因此被清华大学录取。

2005 年，胡华智带领自己创办的系统集成公司团队凭借精湛的技术，相继承接了北京奥运会、上海世博会、广州亚运会的指挥调度系统项目。与此同时，“超级航模发烧友”的身份始终未变。胡华智不仅玩航模，还学开飞机，甚至和朋友一起在北京创建了全国第一家航空航天模型博物馆。

2013 年，胡华智萌生了向无人机行业“转型”的念头。在做一个旅游地产项目时，他灵光一闪：用无人机代替人工做红线勘测。谁知花 2 万多元买来的品牌无人机竟然掉了链子，众目睽睽之下坠毁。紧接着发生的一件事又令他痛心不已：他的直升机教练、一位王牌飞行员竟在一次飞行任务中失事身亡，驾驶的还是一架美国知名品牌飞机。

“难道就没有真正安全的飞机，让人没有顾虑地自由飞行吗？”胡华智突然间下了决心：自己来造！

资深航迷的“小宇宙”爆发了。他停掉了北京的调度系统业务，把所剩无几的团队伙伴邀请到无人机产业链完备的珠三角，开始埋头苦干研发小型无人机。但他深知无人机领域是个烧钱的无底洞，先做好消费级小型机才能获取稳定的现金流，进而向最终目标——大型载人机迈进。

时间不早不晚，刚刚好。2013 年前后正是智能手机兴起、3G 网络广泛铺开之时。胡华智做的第一个改变是：扔掉所有无人机“标配”的遥控器，直接用手机操控。

整整一年，他天天钻在一堆进口碳纤维管里，白天组装飞机，夜晚疯狂编程，编好就去试飞，飞完找到 bug（程序中的错误）再去编……常常一夜飞上十几次，一夜无眠到天亮。飞机掉下来是常有的事，有时刚改了一个 bug，没飞两分钟“啪”掉下来，几千块钱没了。这一年，不知掉了多少飞机，他也在一次次的失败与改进中投入了全部身家。

第一架飞机就这样在磕磕绊绊中诞生了。记者在亿航智能公司展厅见到了第一代 GHOSTDRONE 智能无人机，虽然它有些粗糙、还不脱航模的痕迹，但已具备颠覆性——前所未有的手机 App 智能化操控，“小白”用户也能 10 分钟上手，大大降低了操控门槛。

胡华智找了一家航模厂为他代工生产飞机，接着考虑下一个问题：怎么卖出去？

“英雄联盟”

2014 年 4 月的一天，胡华智带着飞机回母校清华大学找同学李卓桓聊聊自己的“宝贝”。那时，李卓桓已经是小有名气的天使投资人，正当他们聊得起劲，旁边一个年轻人凑过来说：“你这飞机厉害！海外可兴这东西了，我来帮你到海外去众筹吧。”

亿航天鹰行业应用无人机

胡华智听后觉得对路。这位当时才 25 岁的年轻人叫熊逸放，美国杜克大学 MBA 毕业，是不折不扣的创业狂人，刚从创业者心中的耶路撒冷——硅谷连续创业后回国，正走遍北上广深等城市寻找创业机会。

熊逸放拖起行李箱，一个人回到美国硅谷操办众筹事宜。众筹最终获得 86 万美元佳绩，打破了当时中国科技产品在海外众筹的记录。作为亿航智能联合创始人、首席营销官，熊逸放后来获得“2016 福布斯全球 30 位 30 岁以下的创业家”称号。谈起创业经历，他说：“与其去成为马云，不如去寻找你自己的阿里巴巴，当你找到的时候就全力以赴，同样可以改变世界。”

随着 GHOSTDRONE 在海外一炮而红，投资人疯狂地找上了门。天使轮、A 轮、B 轮融资都以极快的速度完成，亿航先后收获约 5200 万美元融资。

“钱”的问题解决了，“人”的问题更显紧要。“第一款飞机可以自己做，接下来呢？”胡华智意识到，他需要专业的人来做专业的事。

他把目光投向了清华大学自动化系，研究无人机是这些小师弟们的专长。他向师弟畅谈心中的愿景，“我们要改变人类交通的历史，要让所有人像鸟儿一样在天上飞”。就这样，不少心怀创新梦想的年轻人被打动了。

他还需要专业级的管理团队。当有人向他推荐投融资领域的“牛人”萧尚文时，胡华智第一反应是“开玩笑呢”！萧尚文，原世纪互联总裁兼首席财务官，曾带领这家中国最大的互联网基础设施服务商在美国纳斯达克上市，并先后担任过 3 家上市公司首席财务官……唯一的问题是，请不起。当时，亿航的全部资产都不够他的年薪。但胡华智还是试着用“人类飞翔梦”去打动萧尚文，没想到成功了。原已准备好退休去环游世界的萧尚文决定加盟，“就作为人生最后一场尝试吧！”

半年内，一位又一位重量级高管如萧尚文般加入胡华智的“英雄联盟”，为梦想放手一搏。亿航智能拥有了业界称羡的“全明星”高管阵容——创始人胡华智担任董事长、首席执行官（CEO），萧尚文担任首席战略官（CSO），熊逸放担任首席营销官（CMO），来自美国纳斯达克上市企业世纪互联集团的财务副总裁刘剑担任首席财务官（CFO）……胡华智将“奇迹”归于“颠覆式创新的魅力”。

亿航 184！

得人才者得“天上”。

2016 年 1 月 6 日，全球首款自动驾驶载人飞行器——“亿航 184”在美国拉斯维加斯举行的 2016 CES 国际消费类电子产品展览会上亮相。它第一次实现了人类的全自动驾驶飞行，只需乘客指定目的地，一键下达“起飞”指令，即可完成旅程。

胡华智在发布会现场难掩激动，“让人类真正征服天空是我毕生追求的梦想。我深信亿航智能不仅创造了一种全新的个人出行方式，更将给全球范围内的众多行业带来深远影响，从根本上彻底改变未来人类的交通及运输方式”。

这一天来得如此之快，却又经历了多么漫长的研发、测试、等待。这一天，他终于可以回应人们，也回应自己内心对“安全飞行”的无数次拷问。

“我们用 IT 理念打造一个飞行器，这是历史上没有的。IT 讲究多重备份以保证安全；亿航 184 寓意 1 位乘客、8 支螺旋桨、4 支机臂，这就是多重备份的理念。”胡华智告诉记者，亿航 184 从软硬件各方面为安全做了“全备份”：首先，自动驾驶消除了传统交通模式中最危险的因素——驾驶员的人为失误；所有飞行部件全备份，任何一个部件出问题都有备份无缝接管；即使飞机碰撞了鸟类等物体造成损害，内置自主研发的 FAIL-SAFE 系统会马上评估损伤程度，决定继续飞行或就近降落；最差的情况，即使遇到八个螺旋桨中的一支桨损坏等紧急情况，飞机也可平稳降落，避免坠毁。

亿航 184 首发后仅 4 个月，就迈出了商业化的第一步。美国专注于人造器官移植的生物科技公司 Lung Biotechnology 与亿航智能建立战略合作，达成 1000 架定制版亿航 184 的采购协议。亿航 184 的使命是将人造器官在制成后的活性窗口期内第一时间送到患者身边。

迪拜“土豪”也迫不及待希望“尝鲜”。亿航 184 首发不久，胡华智就收到一封接一封来自迪拜交通局的电子邮件。原来，迪拜推出了“世界最智慧城市计划”，到 2030 年要实现 25% 的道路运输智能无人驾驶。他们寻遍全球，发现亿航 184 是当时最接近商业化的自动驾驶载人飞行器。

胡华智没有立即答复。他何尝不想跟“土豪”做生意，但载人跟载人造器官不同，容不得半点差池。整整一年，胡华智和工程师团队背负着大家的期待，埋头于亿航 184 的飞行测试和优化。终于在 2017 年春节，胡华智接受了邀请赴迪拜试飞。精巧的亿航 184 飞过沙漠、飞过滨海的帆船酒店，俘获了迪拜官员们的心。当时，迪拜正在召开第五届世界政府峰会，迪拜交通局向世界宣布与亿航达成合作，共建智慧交通运输系统。

2018 年 2 月，亿航首次向外界公布了“亿航 184”系列自动驾驶飞行器载人飞行测试的视频，胡华智亲自试乘，并在视频中表示：“没有什么比真实的载人飞行测试更能体现亿航 184 的安全性和稳定性，它不是科幻小说的奇思妙想，也不是勇敢者的极限运动，因为我们要为每一位乘客负责。”

阻力挡不住梦想

也是在 2017 年春节，亿航创下了一项世界纪录：在广州塔夜空上演元宵节 1000 架无人机灯光秀，创下了最多数量无人机编队飞行表演的吉尼斯世界纪录。此时，这家创业公司才进入普通大众视野。而此前，亿航在广州这座媒体云集的城市一直很低调。

“很多人对亿航 184 持怀疑甚至抨击的态度。一开始说肯定飞不起

2018 年 5 月亿航 184 荷兰 AJAX 足球场试飞

来，又说肯定载不了人。宣传是压力，搞不好就变成负面。”谈起“低调”的原因，亿航智能副总裁唐哲君有些无奈，“我们需要心无旁骛做好研发和商业化。”

是的，成功了，所有质疑的声音自然就会烟消云散。

在无人机编队飞行表演市场，亿航成了名副其实的全球领先者，与国际巨头英特尔展开一场夜空科技的精彩角逐。2018 年 5 月，亿航在古城西安城墙上空呈现 1374 架无人机编队飞行表演，成功挑战了英特尔在 2018 年 2 月平昌冬奥会创下的 1218 架“最多无人机同时飞行”的吉尼斯世界纪录。

之所以能不断刷新世界纪录，亿航有“绝活”——自主研发的无人机编队远程操控系统。其无人机编队表演只需一个人使用一台电脑，即可让上千架无人机行云流水般自动完成长达 20 分钟的表演。亿航打造的这款“会飞的媒介”已先后助力京东 618、《变形金刚 5》全球首映等众多商业推广，“卖服务”赚的钱甚至超过了卖飞机，实现了由智能制造向科技服务型业务的转变。

2018 年 5 月，亿航在古城西安城墙上空呈现 1374 架无人机编队飞行表演，创下吉尼斯记录

在智慧物流领域，亿航智能历经3年多潜心研发和探索，实现超过30000架次的飞行和近50次的飞控系统迭代，打磨出集自主研发、生产、销售、运营服务为一体的软硬件一站式无人机物流解决方案，助力物流、零售、电商等产业链上下游企业加速无人机物流布局。亿航智能先后与华为公司合作在华为深圳和上海园区开启无人机送咖啡服务，并与永辉云创科技有限公司达成战略合作，拿下国内第一批城市无人机物流配送常态化运行飞行航线，开启智慧零售+无人机配送模式的积极探索。

在载人飞行器方面，2018年4月16日，亿航与华为、荷兰皇家电信合作，实现了世界上第一款全电力自动驾驶载人飞行器——亿航AAV在欧洲的首飞。当日，在位于荷兰阿姆斯特丹的足球场上，荷兰王子皮耶特·克里斯蒂安（Pieter Christiaan）亲自体验了亿航AAV。该两座版的亿航自动驾驶载人飞行器，使用了高速4G移动互联网通信连接来规划路线。此次欧洲首飞，开启了亿航自动驾驶飞行器全球巡回试飞之旅，与更多国家的合作伙伴共同推进未来空中智慧交通的落地。目前，亿航已通过了AS9100D国际航空航天质量管理体系认证，在智能低空中短途自动驾驶飞行器的设计、开发、生产和服务等领域的领先能力获国际认可；其自动驾驶载人飞行器产品亦取得了中国民用航空局颁发的民用航空器特许飞行证，允许其在中国广州的试飞基地做日常飞行测试。

“成功？还远。只能说蓄势待发。”胡华智说。他有心理准备，前路还将面临各种质疑，各种可能突破和难以突破的限制。比如，载人会不会掉下来？亿航184续航才30分钟是不是太短了？全球对载人飞行的管制那么严苛，相关法规、标准不知何时明朗，亿航智能会不会进了个跳不出来的“大坑”？

阻力只能阻挡没有梦的人。

“创新技术，创造产品，才能有机会催生出新的规则，一起不懈地努力吧！”胡华智说。

亿航智能创始人、董事长、首席执行官　胡华智

创业者说

亿航智能创始人、董事长、首席执行官　胡华智

飞行是我的爱好，也是我的梦想。我非常自豪，如今中国人自主研发的自动驾驶载人飞行器能实现成熟稳定的常态化载人飞行测试。在这之前，亿航智能经历了漫长的技术研发积累和基础测试期，150 多位技术工程师团队为完善各项飞行性能进行了上千次飞行测试科目，不断锤炼提升自动驾驶飞行器的安全性和稳定性。而今天，亿航自动驾驶飞行器的自我优化与完善依旧没有停止，未来也永远不会停止。

现代社会很提倡创新和创业，这是一件很好的事情。但是真正融入创业中才会明白相对于从 0 到 1，从 1 到 2 到 3 是更困难的事。够积极够大胆，想法基本能付诸实践。但如何在变化的环境中把控适应新局面更需要脑力体力的大运转。

在资本和人才为王的时代，什么资金才能真正带给你帮助？什么样的人才最适合企业？资金不是越多越好，人才也不是越优秀越好。想好要走的路并坚定走下去，选择互利共赢的合作伙伴，搭建核心团队都是至关重要的。

我相信未来天空将不再是束缚，人类也可以像鸟儿一样自由飞翔，飞行将不再是少数人的专利。无论什么时代，梦想和未来永远不会过时。愿心怀梦想，脚踏实地。

安天

以国家安全为唯一立场

经济日报·中国经济网记者 牛 瑾 常 理

公司小传

安天科技集团（以下简称“安天”）成立于2000年，是引领威胁检测与防御能力发展的网络安全国家队，为国家提供关键信息系统和基础设施的安全防御核心技术与解决方案。

安天依托下一代威胁检测引擎、多层次人机结合分析、人工智能等自主先进技术，基于“赛博超脑”赋能平台和专家团队的支撑，提供端点防护、网络监测、深度分析、快速处置等系列产品，以及安全管理、威胁情报、态势感知和靶场演练等综合解决方案。

安天提供的产品与服务保障了我国载人航天、探月工程、空间站对接、大飞机首飞、主力舰护航、南极科考等重大项目。同时，安天也是全球重要的基础安全供应链上的核心赋能节点，全球近百家著名安全厂商、IT厂商选择安天作为检测能力合作伙伴，安天的检测引擎为全球数十万台网络设备和网络安全设备、超过14亿部智能设备提供安全防护。其中，移动检测引擎是获得世界权威的第三方独立测试之一AV-TEST的年度奖项的首个中国产品。

如今的世界因互联网而精彩，大众的生活因互联网而丰富。但自诞生伊始，互联网就是一柄双刃剑，在快速发展的同时，也蕴藏着安全风险。对个人来说，可能是信息泄露带来的损失；从国家层面来看，战争的内涵和意义也正在不断变化，从三军联合作战到陆海空天电网全面立体对抗，网络信息优势已成为现代化战争联合制胜的先决条件，网络空间亦成为军事对抗的首发战场。正如习近平总书记所指出的，“没有网络安全就没有国家安全”，“安全的本质在对抗，对抗的本质在攻防两端能力较量”。当前，我国进入社会主义发展的新时代，国际形势、敌情我情正在发生重大变化，我国网络安全面临严峻挑战，网络安全与总体国家安全息息相关。所以，为网络世界加把“安全锁”很有必要，而安天干的就是这件事。在安天人的头脑中，国家安全就是安天的唯一立场和第一视角。

习近平总书记 2016 年视察安天后曾说，“你们也是国家队，虽然你们是民营企业”。如今，这家被称为“网络安全国家队”的民营企业在创始人肖新光的带领下已经走过了 18 个年头。18 年来，从 7 个人三台半电脑到集团化的安全企业，从应对恶意代码疫情爆发到深度分析溯源高级持续性威胁，从反病毒引擎的单点坚守到走向动态、综合的整体安全防御解决方案，在打赢了一场场“仗”后，安天也走过了初生的婴儿期、稚嫩的少年期，步入日渐成熟的青年期。

应急响应保卫国家网络安全

2017 年 5 月 13 日凌晨 4 时，位于哈尔滨科技创新城的安天总部灯火通明。

网络安全工程师高喜宝将同事们奋战一夜才整合完成的《安天针对勒索蠕虫“魔窟”（WannaCry）的深度分析报告》提交发布审核，这意味着安天分析小组对 WannaCry 病毒的分析响应工作将转入“深水区”。8 小时前，该病毒在全球大面积爆发，安天吹响了集结号。

安天工程师保障十九大网络安全工作

高喜宝是带领安天自行车队骑行内蒙古的领队，是傲气安天足球队的副队长，他在两天后将成为一位父亲，但此时，他只是全国各地上百名加夜班的安天工程师中的一员。

“喜宝，看这里！”同样熬红了双眼的安天 CERT（安全研究与应急处理中心）副主任刘佳男拿着手机，要为这紧张的一夜留下几张影像。桌面上的虚拟机小窗口是病毒测试环境，上面有着病毒发作的界面，高喜宝灵机一动，对着“勒索病毒”摆了个不屑的手势，这张照片连同墙上的标语“第一时间启动”，一起留在了安天的应急响应史中。

“第一时间启动，同时应对两线威胁，三体系联动，四作业面协同”是安天应急响应工作的“四项指导原则”。这里是没有硝烟的战场，端点防护、流量监测、蜜罐诱饵、信箱诱饵等各种探测捕获手段，如雷达一般感知着全球的安全风险。每时每刻，都有大量的感知数据、未知文件传递到后端运行着上万计算节点的“赛博超脑”系统上分析处理，巨大的屏幕上蓝光闪烁，随着不同检索条件的输入、查询、关联，样本迅速得到分析溯源。

5 时 38 分，安天的分析报告作为全网首篇中文分析报告在网上发布；6 时整，报告的微信公众号版发布，当日浏览量达 45 万人次。

分析威胁、发布分析报告，只是应急响应中的一个环节，应对不同的安全威胁，需要有针对性的响应手段。此次勒索蠕虫感染事件来势汹汹，我国众多行业的内网网络被大规模感染。为此，安天启动了最高级别的“A 级信息安全灾难”响应，对于这种量级的安全事件，安天还需要配套研发专杀工具、免疫工具、恢复工具、处置 U 盘、开机手册等一整套系统解决方案。应急响应工作是在与时间赛跑，安天的工程师们不负众望，在全球范围内最早研发出了系统的解决方案，成功遏制了国内勒索蠕虫的进一步感染。

攻击威胁是检验产品能力的试金石。测试部经过严格测试，确认只要安装了安天终端防护产品，都可以保证 WannaCry 无法加密破坏。“勒索病毒想要完成勒索，需要批量的文件或扇区加密和擦写等操作，我们就是针对它的这种规律建立起防御模式，实现对后续威胁的预判。”安天端点安全研发中心主任徐翰隆说。就在 5 月 12 日夜里，徐翰隆组织团队，把安天防御勒索者的独门武器封装成了免费工具，尽管可能影响产品的销售收入，但危急时刻，救场如救火。

5 月 13 日 6 点整，哈尔滨、北京、武汉、深圳等多地的安天技术负责人参加的第三次威胁研判视频会议结束了。这就是安天作为“网络安全国家队”在应对网络威胁时所展现的实力，展现着安天“维护国家网络安全”的坚定立场与担当。而此时，依然没有启动应急工作的网络安全企业，已经从中国应急响应的架构中出局了。

安天启动“A级信息安全灾难”应急响应

自主先进研发再上新征程

“坚持自主研发，追求能力先进”，这是自创业时即深深烙印在安天人灵魂中的话语。包括肖新光在内的安天第一代创业者更是在团队宣言中写下了“我们追求卓尔不群，以平庸和抄袭为耻”的决心。

1 个双肩包，装着 3 台笔记本电脑；连鬓的大胡子；永远不摘下的工牌——构成了肖新光的典型形象。他给自己的定位是安天的首席技术架构师，这正是比尔·盖茨在微软的职务。创业前 10 年都没有风险资本的支持、也从来不是创业明星的安天，靠着肖新光对安全趋势做出正确判断而少走了弯路，开启了一次又一次的创业历程。

第一次创业，主要围绕研发用于各种网络设备的流量侧反病毒引擎。2001 年，安天确立以恶意代码批量自动化分析处理的平台支撑反病毒引擎和防护产品的发展思路；2002 年，在重点攻关课题中解决了骨干网场景下恶意代码全规则线速检测问题；2004 年，提出了细粒度可嵌入反病毒引擎的概念，在这条思路的延展下，安天在发展的第一个 10 年终于成为网络安全的上游技术厂商，为兄弟厂商提供检测能力输出。

2010 年起，安天开启了第二次创业，并快速聚焦移动安全领域，用 4 年时间打造了移动恶意代码检测能力的全球高地，并赢得了 AV-TEST 年度国际奖项。时至今日，安天交出了一份累计为数十万台网络设备和网络安全设备以及超过 14 亿部智能设备提供检测能力的答卷。

安天的引擎少帅潘宣辰，是安天第二次创业的关键人员。2007 年，还在武汉大学信息安全专业本科学习的他是安天的暑期实习生，他既是专业课程的佼佼者，也是班级的班长。就在那次实习过程中，安天选择其为未来重点培养人才。结束实习的潘宣辰，回到武汉组建了安天武汉研究组，并于 2010 年毕业时在武汉正式建立了安天移动安全研发中心。在安天总部提出“砸锅卖铁保移动”后，安天移动安全成长为全球移动威胁检测的一个高点。而潘宣辰不仅成为安天移动安全公司的首席执行官，更成为安天最年轻的合伙人。

之后的第三次创业，来源于安天的审时度势和自我加压，是技术的变革。

随着信息化的高速发展和安全威胁的快速演讲，网络安全核心技术的含义不断发生变化，先进性要求不断提升。安全威胁对抗已经从恶意代码查杀等单点对抗演变成高成本的体系性对抗，反病毒引擎本身也已从原来的威胁对抗核心，下沉为必备的标准化能力单元。

安天认为，仅仅沿着恶意代码威胁检测技术的惯性发展，不能达成坚持保持自主先进的自我要求，更无法有效应对国家和用户的需求。因此，安天启动了第三次创业，将在长期与恶意代码的检测对抗中所积累的能力模块和支撑体系服务延展到更广阔的全面威胁对抗场景中。通过此前在端点、流量、分析、处置和安全管理上形成的基础，安天开始了向综合能力型安全厂商的转型之路，亦开启了自主先进研发的新征程。

今天的安天在哈尔滨、北京、武汉、深圳、上海、成都建立了研发中心，拥有两个省级工程中心、一个省级重点实验室、一个博士后流动站，拥有近200项网络安全核心专利授权。安天的探海威胁检测系统、追影威胁分析系统、智甲终端防护系统等核心产品，为我国国防、航天和关键部委提供安全保障，保障了载人航天、空间站对接等重大任务，国内多个态势感知的试点工程也是由安天承建的。

为了更好地达成防御价值，安天翻译并引入了“滑动标尺”模型，并适配国内情况进行改造，形成叠加演进模型，并推动使之成为国内能力型安全厂商的公共模型。

而在推动这些设计规划的实践和参考中，安天对网络信息系统的复杂性有了更深入的认识。网络安全威胁不可能依靠单点创新来应对，不可能有一招鲜吃遍天的独门秘器，而是需要扎实做好先期规划、落实大量基础工作，需要基于能力积累的叠加演进，需要整体性、系统性的综合提升。

敌情想定引导产品实战化

从2001年对“红色代码II”进行捕获预警开始，安天在此后针对“口令蠕虫”“震荡波”“冲击波”“魔波”等大规模安全事件，尝试了漏洞利用预警、主机免疫和专杀、网络监测规则分享、网络管理员提供多种灵活处置手段的响应尝试，安天CERT也因此获得了有关部门“应急之魂”的赞誉。

安天人深深知道，类似的大规模威胁并不来自最高级的对手，最高级的对手的攻击极难发现和防御。2010年后，随着以“震网”为代表的、具有国家和政经集团背景的APT（高级持续性威胁）攻击威胁的兴起，安天迅速转型，将主要应急响应人力和资源布防在APT深入分析、响应的第一线。在安天开启第三次创业的誓师大会上，肖新光更是告诉同事们：“面对网络安全威胁挑战的形势，我国需要能系统应对安全威胁的能力型安全企业，安天从一个上游反病毒引擎厂商走向前台，这是

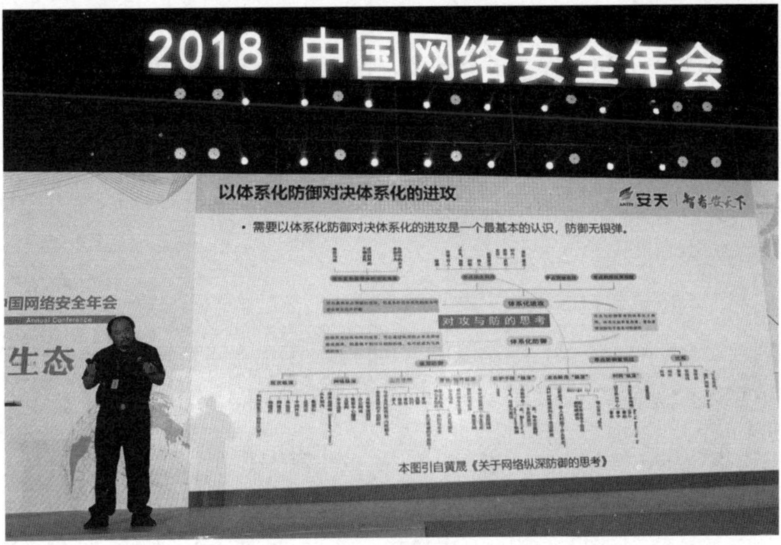

安天首席技术架构师肖新光在2018中国网络安全年会上分享有关敌情想定下的网络防御思考

历史的使命要求。‘小而美’的历史阶段已经过去了，‘大而强’是安天接下来发展必然要达成的目标。”

在这一过程中，安天从获取对手的投放载荷入手进行分析，结合综合开放情报逐渐绘制出对手的能力图谱，对网络安全敌情形成了相对全面的认识，也看到了自身能力与最高级别对手攻击能力间的差距。“明确了差距，总是件好事，这样才知道接下来的着力点应该放在哪儿。”肖新光说。

安天在2017年6月提出“有效的敌情想定”是有效系统布防规划的前提条件，要走出“物理隔离+好人假定+规定推演”带来的自我麻痹，还在第五届安天网络安全冬训营上提出了“敌情想定是前提，网络安全实战化”的号召。实战化的网络安全产品，能够面向真实的敌情想定，以可靠的系统能力为基础，在安全业务流程中，易于普通操作维护人员掌握使用，达成有效的安全价值。这是安天人在经历了更广泛的用户侧使用考验后得到的实际经验和教训，是安天未来产品核心的改进方向。

关于网络安全工作，习近平总书记要求“实现全天候全方位感知和有效防护”，通过有效防护对抗威胁、控制风险，强调了感知与防护能力必须做到全方位覆盖；还指出要“关口前移”，形成了鲜明的以防护效果为导向的指引要求。

作为网络安全国家队，在肖新光和他的团队的心中，安天始终要以国家安全为唯一立场，时刻以更扎实的能力和更踏实的努力对接国家网络安全的实际需求。

安天决心在网络安全的规划、交付工作中，有效实现“全天候全方位感知”“有效防护”和“关口前移”，有效解决网络安全能力的“结合面”和“覆盖面”问题。“结合面”，是指网络安全防御能力与物理、网络、系统、应用、数据与用户等各个层级的深度结合；“覆盖面”，是指要将网络安全防御能力部署到信息化基础设施和信息系统的“每一个角落”。将安全管理与防护措施落实前移至规划与建设等系统生命周期的早期阶段，将态势感知驱动的实时防护机制融入系统运行维护过程，实现常态化的威胁发现与响应处置工作，从而实现“防患于未然”。

“在这些方面，安天既有供应链安全赋能的独家优势，同时也面临着政企场景下安全与信息化融合规划的新能力需求挑战。机遇与挑战并存，安天人正带着持续的技术积累和自我反思，面对着更加明确的责任使命再上征程。”肖新光说。

安天总部门口挂着一副对联，每年大年初一更新，这是安天的传统，表达着新一年的使命与目标。2018 年的对联上书写：守启程初心，秉国家使命，十八载征程红旗漫卷；析敌情想定，铸实战重器，第三次创业蓝翼飞天。

安天移动安全公司CEO潘宣辰带领团队摘取AV-TEST年度奖项

创业者说

维护网络空间安全任重道远

安天科技集团创始人 肖新光

2016 年 5 月 25 日，习近平总书记视察安天，在安天哈尔滨总部的创业历史墙前，总书记问我：“你们为什么在 2000 年那么艰苦的条件下就认定了网络安全这个方向？”我之前没想到总书记会问我这个问题，认真思考后，我非常郑重地回答：“因为网络安全是一个可以集中技术信仰和美好理想的领域，它融合了爱国主义、正义力量、对技术孜孜以求和对用户关怀等等，就像一个拳头紧紧攥在一起。对安天的创业者来说，没有哪一个领域有这样的魅力和吸引力。”

创业是一个九死一生的过程，要充分积累、快速发展，才能抵御风险。传统威胁正在向高级威胁进化，威胁蔓延到哪里，我们就把防线构筑在哪里。

2018 年是安天创业的第 18 年。如果说 18 年前，我们带着一个简单的梦想和一些不切实际的自信出发了，那么今天，我们将带着持续的技术积累和自我反思，面对着更加明确的责任使命再上征程！

我们坚信我们的选择，我们从不对自身的方法与思路讳莫如深，我们期待有更多的能力型厂商出现，共同探索支撑达成有效安全防护价值的系统性方法。

我们在路上。

我们坚信，天道酬勤、天道嘉勇！

安天科技集团创始人 肖新光

Kika Tech / 让世界沟通起来更简单

经济日报 · 中国经济网记者　熊丽

企业小传

Kika Tech 成立于 2011 年，旗舰产品 Kika 键盘是全球最大、用户量增长最快的输入法，覆盖 140 个国家，支持全球超过 180 余种语言。目前 Kika 用户总数近 5 亿人，月活跃用户数（MAU）6000 万。目前，Kika 在中国北京、深圳、上海和台湾，美国的硅谷， 英国的伦敦，以及印度和俄罗斯等地设立 8 个办公室。Kika 引进了众多知名 IP 合作伙伴，包括梦工厂、福克斯、迪士尼、21 世纪电影、皇家马德里、巴萨罗那等知名电影 IP 和体育 IP，为全球用户打造了更加丰富的内容平台。2017 年，Kika 进入智能电视、汽车、飞行器等智能硬件领域，以 AI 驱动的语音交互为入口，为智能硬件的传统交互提出更优解决方案，致力于用 AI 技术变革沟通与交互。

Kika Kika，当敲击键盘的声音响起，一段沟通即将展开。你想说什么？你用什么来表达？这会是一次愉快的交流吗？移动互联时代，当交流穿过屏幕、跨越文化，人与人的沟通似乎既简单又复杂。

Kika Tech 想做的，就是通过技术创新，以输入法为切入场景，帮助人们更加自由有趣地表达心中所想，让世界沟通变得更简单。秉持这个初心，上线 4 年来，Kika 输入法已成功“输入”140 个国家和地区，支持超过 180 种语言。

2017 年 11 月，Kika 与美国圣何塞鲨鱼冰球队达成战略合作

输出的不仅是输入法

2011 年 4 月，胡新勇与周立联合创立了 Kika Tech。彼时，胡新勇刚刚辞去杭州斯凯网络副总裁的职务，就在几个月前，他带领斯凯登陆纳斯达克，成为中国首家在美上市的移动互联网公司。

“不安分”，是胡新勇对自己的一个评价，吃饭喜欢换不同的餐厅，做事也总想多多尝试。这一次，他想自己创业。正好，负责创新工场豌豆荚项目的技术大咖周立，也刚刚辞职出来。“我们一拍即合，他负责技术，我负责运营。”胡新勇说。

做智能机、做海外市场，这是胡新勇和周立的共同判断。胡新勇认为，随着经济全球化的深入推进，地球变得越来越平。“从一开始，我们的目标就是做全球公司。”胡新勇说，“我们赌，智能手机会越来越普及，性能会越来越优化，网速会越来越快，价格会越来越便宜。我们觉得这个过程不可逆。与电脑不同，手机一般是 24 小时随身携带的，一些国家甚至跳过了 PC 阶段直接进入手机时代。我们也赌，内容会首先从美国流行起来。”

为什么将市场放在海外？在胡新勇看来，中国虽然有 13 亿多人口，但世界总人口有 75 亿，这意味着 80% 以上的用户群体在海外。“当时我们预估，三年内至少一半以上用户来自海外。实际上，只用了一年时间，我们基本所有用户都来自海外。”胡新勇笑言，回过头看，那时候的预估还是偏保守了。

方向虽然早已明确，但具体做什么产品，却经历了痛苦而漫长的摸索。从 2011 年到 2014 年的近三年间，Kika Tech 尝试了 70 多种产品，有图片、文字、贺卡、音视频等工具，也推出过省电宝这类智能手机辅助产品，其中许多在美国的表现都很好。但胡新勇认识到，这些产品既不能被用户高频打开，也无法做到自我表达。

“后来我们想，我们做的这些产品都和人的沟通有关，能不能把这些功能集成在一起，让表达变得更丰富更个性化？”胡新勇说，人类始终在追求借助某种媒介来表达自己的想法和情绪。起初是在山洞墙壁上画画，后来有了象形文字，再后来发明了造纸术和印刷术，计算机和互联网则带来了信息爆炸和沟通方式的变革。但是，由于缺少相应的语境，如果仅仅依靠文字，网络上的交流往往无法准确传达甚至会曲解沟通的本意。不同地区不同民族之间，更是因为语言文化的差异无法顺畅交流。可以说，人和人沟通的需求远远没有被满足。

胡新勇认为，尤其是在欧美国家，由于其输入键盘本身就是由英文组成，过去对输入法的创新需求并不迫切。但现在，这件事已经变成了日常刚需。这是一个“痛点”。

2014 年 6 月，经过半年研发，Kika 键盘正式上线。除了提供常规的文字输入外，Kika 还拥有数千个表情、海量的图片贴纸、动图及音视频等元素，并支持自定义皮肤主题及视频搜索等功能。用户安装后，可以在邮件、短信和各种社交软件里进行多媒体的输入。

凭借人无我有、有趣有料的输入法，Kika 迅速在社交网络实现了口碑传播。从第 1 个用户到第 100 万个用户，花了半年时间。从 100 万到 1000 万，又花了半年时间。

胡新勇还记得，2014 年，他和周立第一次去美国硅谷出差，因为语言不通闹过不少笑话。为了省钱两人同住一个房间，有天晚上胡新勇约人谈事到 11 点才回，而周立已经累得睡着了，怎么敲门也敲不醒。没带房卡的胡新勇只能叫来酒店工作人员，连说带比划，好一通折腾才进了门。

但令他印象更深的是，美国公司很少自我设限，仿佛一诞生就是天然的国际化公司。“硅谷的理念是什么呢？虽然我的总部在硅谷，但我的市场在全球。”胡新勇说，自己每到硅谷一次，对公司的梦想就变得更大一点。

据了解，目前，Kika 输入法已经进入了 140 个国家，用户总数接近 5 亿，月活跃用户数达 6000 万，2015 年被谷歌官方授予“顶尖开发者”称号，2016 年、2017 年又连续两年被谷歌授予“最佳 APP”，成为中国创业公司技术出海的标杆。在 2018 年度国际消费类电子产品展览会（CES2018）上，Kika 发布的新品 Kika GO 全语音车载助手，一举斩获智能家居、智能车载、智能应用软件以及科技促进生活等 4 项创新大奖。

一个有趣的统计是，如果把所有用户每天在 Kika 上沟通的时间相加，大约相当于不间断对话了 1800 年。

Kika 参加 2017 年西班牙世界移动通信大会

一切为了用户所想

2015 年，一位俄罗斯巴什基尔族的语言专家主动找到 Kika，希望能够联合开发一款巴什基尔语专用的移动输入法键盘。由于这个小语种只有约 150 万人使用，当地人只能使用俄语键盘进行网络输入，交流很不顺畅。

“我一想这正好，虽然我们不懂他们的民族语言，但是我们有技术啊。”胡新勇说，于是双方组成了一个虚拟项目组，由对方提供语言素材，Kika 进行研发。“哪个地方做得不对，用得不爽，他们画图改文字，我们一步步来实现。”经过将近一个月的研发与磨合，Kika 发布了世界上首款拥有表情符号、滑行键盘的巴什基尔语移动输入法。语言专家还自发帮助Kika在当地电视台打广告，目前该键盘已成为巴什基尔族几乎全民使用的第三方键盘。

“全世界有7000多种语言，但因为没有办法在智能手机键盘上输出，很多人只能使用其他语言替代，这些小语种随着智能手机的普及正在逐渐消失。”胡新勇说，“语言是需要传承的，我们有责任让语言在互联网语境下表现得越来越好。有些语言没有，我让它有。已经有的语言，我们让它表现形式更丰富。”

目前Kika已经可以支持全球超过180种语言。仅在印度一个国家，就支持30多种语言，可以实现十几种混合输入。2017年年初，Kika与北京外国语大学共同成立了全球非通用语种公益基金。胡新勇介绍说，Kika还成立了一个全球语种中心，致力于让全世界的语言在手机上可以有更完美的体现。

从商业价值来看，费时费力为小语种用户研发专用键盘，合算吗？胡新勇的回答是：“满足用户需求，就是我们的存在的价值。我们所做的一切，都是为了解决用户的痛点。而且，欧美有很多是移民国家，双语种混和输入很普遍，把小语种做好，同样可以扩大我们的口碑和影响力。”

用户需求、用户体验，这是胡新勇频繁提到的词汇。胡新勇表示，Kika输入法的用户以年轻人为主，他们希望通过输入法来表达一切，包括生活的方方面面，比如娱乐、体育和情感。

近两年来，Kika在跨界合作方面动作频频。2017年，Kika先后与瓦伦西亚、皇家马德里、巴塞罗那等欧洲顶级足球俱乐部达成合作，用户既可以下载球队专属输入法App，也可以在Kika输入法内直接使用球队的主题皮肤和球星贴纸。此前，Kika还与美国20世纪福斯电影公司合作，为鬼才导演蒂姆·波顿执导的奇幻人片《佩小姐的奇幻城堡》制作了一款电影专属键盘。

“我们的核心是构建一种文化生态，为用户提供更多元的选择和更

kika 为巴塞罗那俱乐部订制的键盘

优质的体验。”胡新勇说。

目前，Kika 形成了北京和硅谷双总部的形式，并在英国、印度、俄罗斯等地设立了办公室。“我们还是希望一个国家一个国家地深耕，未来至少能够在 100 个国家和地区落地，这需要特别投入和聚焦。目前我们现在正着手准备开拓非洲市场。”

用 AI 改变人的沟通方式

2015 年，牛津词典第一次将年度词汇授予一个笑中带泪的 emoji 表情符号。

每年，Kika 都会对全球用户的表情符号使用行为大数据进行分析。以 2016 年为例，分析发现，每天使用 Kika 输入法 20 次以上的用户占近 7 成；打开 50–100 次的高粘度用户超过一半，且 9.5% 的用户每天使用时长在1个小时以上；用户平均每天发送的表情量达到3100万以上。

当输入法“撞上”文化，会有更多有趣的发现：在Kika输入法的10个主流国家中，笑中带泪的表情占据了除法国外的9个国家的榜首。美国用户是唯一频繁使用100分表情的群体，法国用户爱用的十大表情中，有6个与爱心有关。

Kika要做的，就是要准确判断表情符号背后的不同文化和情感。在胡新勇看来，输入法的本质是“输出”，也就是解决表达和沟通的问题。人的沟通具有三种维度，分别是需求表达、信息分享和情感表达，而目前机器人在后两者的满足上，还远远不够。

2017年7月，Kika自主研发的深度学习AI引擎上线，全面支持20种主流语种。胡新勇自信地说，Kika拥有最好的智能引擎和滑行输入技术，最好的高阶词推荐系统，可以让沟通在快速、全面、准确等方面得到大幅提升。

记者看到，当胡新勇对着手机说出“I wanna go to America”后，屏幕上马上显示出了这一句子。手指不用离开键盘，滑行输入单词后，系统还可以自动进行“语音转表情”，推荐相应的动图。胡新勇认为，用AI来革命人的沟通，让世界沟通更简单，本质上是要提高效率，首先就是要能准确预测出用户想说什么。“比如，我们发现许多外国人会在聊天中输入CLG，一开始我们不知道这是什么的简称，后来我们通过大数据分析出，这其实是年轻人对college（大学）的简写。”

在Kika的首席技术官姚从磊看来，人工智能包括数据、技术和场景三种元素，没有数据或场景，都不能算人工智能。而多场景、高频次、大数据，正是手机输入法的特点，可以成为利用人工智能的完美突破点。

姚从磊介绍说，目前Kika对于人工智能的研发主要集中在三个引擎上面。首先是输入法引擎，通过用户输入的词和键码序列，预测接下来可能输入的词语，提升文字输入的准确性和表达力。其次是内容推荐引擎，通过对语境的分析，准确预测用户想要发送的表情、动图等多媒体内容。最后是语音交互引擎。目前 Kika 已经实现 95% 以上的语音识别准确率，不仅可以将语音转化为文字，还可以直接用语音表达修改的意图。未来，语音输入将超越文字，成为主流的沟通形态。

“就好像现在不会刻意强调谁是互联网公司，未来 5 年，所有的公司都会是 AI 公司。”胡新勇告诉记者，Kika 正在加大对机器人、汽车、智能家居等先端技术的研发力度，在更多场景中为用户提供更好的智能沟通体验。

在 Kika 的员工中，研发设计人员的比例达到 75% 以上，其中许多来自微软、谷歌、诺基亚、百度等国内外知名公司。在北京办公室，外籍员工的比例达到了 20% 左右。Kika 还与美国密歇根大学、伊利诺伊大学香槟分校、加州大学圣地亚哥分校等院校的顶级实验室合作建立了科研中心。

“对于我们这种全球化的公司来说，我们是在与世界各国竞争，技术上投入再多都不为过。”胡新勇说，Kika 的梦想，是希望将来能服务全球一半以上的人口。

对于商业变现，胡新勇并不着急。在他看来，用户多、口碑好、技术强，商业模式在某个时刻自然会出现。

Kika Tech 创始人兼 CEO　胡新勇

创业者说

Kika Tech 创始人兼 CEO　胡新勇

人的梦想是最重要的，我的梦想是改变世界，让沟通变得更简单。当然，创业过程中肯定会遇到各种困难和挑战，但这就像人会生病，企业也会生病，要认识到这个规律，以平常心来看待，保持乐观的心态。

今天的时代是一个移动设备越来越普及的时代，全球每年卖出15亿台手机，移动互联网发展得非常快。绝大多数的互联网产品本身价格是为零的，在这种情况下，竞争特别激烈，只能用好的技术和产品体验来吸引用户。产品好，用户自然会帮助传播。

Kika 主打的是语言和人类的沟通，我们发现，人的表达本质上与文化相关，我们希望在新型的载体里，人与人、人与机器、机器与机器之间可以实现更好的无缝沟通。在技术研发上，我觉得投入再多都不嫌多。随着我们对用户越来越了解，技术的生产效率也会越来越高。

现在我们正在不断推进 Kika 的国际化落地，希望未来能影响更多人，让他们愿意使用、能够使用本民族的语言在手机上沟通，从而实现更好的表达。目前，Kika 用户已有近 5 亿人，我希望，未来全球有一半人口使用我们的产品，预计在 5 年内，我们将实现 30 亿用户。

我认为，新一代的中国创业者应该具有国际化思维，站在北京看全球，以全球的视野、全球的资源来运作。中国具有很强的技术优势和创新优势，越来越开放的中国也吸引了世界各国的人才前来就业。我相信，随着全球化的推进，在未来 30 年或更长时间里，会有越来越多的中国互联网企业走向世界，提供更好的产品和服务。我们在各个国家都是非常有竞争力的，如果能够与当地的文化深度融合，将会诞生很多新一代的世界领先企业。

复宏汉霖
为困境中的病患送去曙光

经济日报·中国经济网记者　李治国

企业小传

复宏汉霖是一家专注于免疫肿瘤疾病治疗，在全球开展临床研究的国际生物医药公司。自2009年成立以来，复宏汉霖组建起来自中国上海、北京、台湾和美国加州的国际化高效团队，致力于打造从研究、开发、生产到商业化的全方位创新生物制品开发平台。

复宏汉霖丰富的产品管线覆盖了多个生物类似药和创新型单抗产品，其中12个产品已完成临床试验申请，共计获得全球范围内24个临床许可。

上海复宏汉霖生物技术股份有限公司研发生产的“利妥昔单抗注射液”，2018年1月被国家食药监总局纳入“优先审评程序药品注册申请”，意味着该药有望2018年年底前后上市，成为首个国产生物类似药，用于治疗非霍奇金淋巴瘤。

欲向市中求妙药，须知海内有奇方。“创立一家制药公司，最初就是自己内心的一份信念。”复宏汉霖总裁兼CEO刘世高表示，“希望患有癌症等重大病症的患者能够用上质高价优的单抗药，得到应有的治疗，这是我创立复宏汉霖的初心。”

复宏汉霖

让中国创新造福患者

刘世高曾任美国安进公司质量控制总监，是生物制药行业的一流专家。2007 年，父亲的去世，促使他认真思考一个问题：如何让更多的中国患者用得起高质量的单抗药？"在美国，像我这样的人才非常多，但如果回国创业，把几个好药做出来，就能惠及众多同胞，从而实现更大的人生价值。"为此，他毅然放弃美国加州的安逸生活，开启了回国创业之路。

在上海漕河泾开发区内一间朴素的办公室里，刘世高向记者讲述了单克隆抗体的神奇。

"针对癌症这一类重大疾病，目前可以采用手术以及化疗等手段来治疗，但是副作用也是明显的。"刘世高告诉记者，单克隆抗体是一类大分子蛋白，与传统小分子药物相比，单克隆抗体药物治疗癌症以及免疫系统疾病，具有靶向性好、疗效确切、副作用低等优势，是国际公认科技含量最高的生物药品种，很多都是癌症治疗的金标准药物。从 20 世纪 90 年代起，单抗药物陆续经美国食品药品监督管理局（FDA）批准进入欧美市场，经过十几年的快速发展，全球市场规模已经接近 1500 亿美元。然而，占据全球人口 20% 到 25% 人口的中国市场只占其中 2% 到 3% 的市场份额。

这其中的原因无非是两点：一是进口单抗药价格高昂，普通百姓难以负担；二就是目前还没有国产单抗药物上市，所以进口药缺乏竞品，完全被国外药企垄断，因此单抗药可及性低。其实就是 affordable（可负担）和 available（可及性）的问题。"如今，复宏汉霖已经有四个在研项目进入临床 III 期。第一个品种 HLX01 的非霍奇金淋巴瘤和类风湿性关节炎适应症、HLX02 的乳腺癌适应症，HLX03 的银屑病适应症以及 HLX04 的结直肠癌适应症均已进入 III 期临床试验。HLX01 作为复宏汉霖研发进度最快的一个生物类似药，已完成非霍奇金淋巴瘤适用症的 III 期临床试验，有望成为国内第一个批准上市的单抗生物类似药。

所以我很荣幸能够在这个时代参与这个行业，为更多的患者贡献我们的力量。”刘世高这样说。

2009 年 12 月，在与多家企业接触后，刘世高与另一位创始人姜伟东决定与复星医药合资组建复宏汉霖，在上海开启创业征程。谈及与复星医药合作的原因，刘世高说：“复星医药很专业，也具有国际视野，十分看好单抗药这个市场。”

成立 8 年以来，鉴于复星医药大规模地外延式扩张以及复宏汉霖在单抗领域靓丽的成绩单，复宏汉霖被业内人士誉为“皇冠上的明珠”。

目前，复宏汉霖可以进行全面的治疗性单克隆抗体研发工作，能够针对特异靶点，采用噬菌体展示、杂交瘤技术、抗体人源化和亲和力成熟等抗体工程技术，制备具有高亲和力，并具有显著体内和体外生物学功能的治疗性单克隆抗体。刘世高介绍说，复宏汉霖研发团队在单克隆抗体药物开发、体外活性及残留检测、细胞培养工艺开发、下游纯化工艺开发、制剂工艺开发、分析工艺开发等方面拥有经验丰富的高科技人才。《复星医药 2017 年度企业社会责任报告》也表明，复星医药始终将自主创新作为企业发展的源动力，持续完善“仿创结合”的药品研发体系，在中国、美国、印度等建立了高效的国际化研发团队，形成全球联动的研发体系。

“截至 2018 年 8 月，复宏汉霖完成了 12 个产品 20 项适应症的研究性新药（IND）申报，产品覆盖肿瘤、自身免疫性疾病等领域，目前已在全球范围内获得 24 个临床许可。前四个品种 HLX01–HLX04 均已进入（含完成）III 期临床试验。除中国外，HLX02 相继在乌克兰、菲律宾、波兰等地启动 III 期临床试验，成功实现了研发产品的国际化战略。”刘世高博士说，创新型生物改良型单抗 HLX07、创新型单抗 HLX06 和 HLX10 都已经获得中国大陆、中国台湾和美国三地临床批准，I 期临床试验已在中国台湾顺利开展， HLX07 已于近期在国内开展 Ib/II 期临床试验； HLX20 先后获澳大利亚、中国大陆临床试验许可，I

复宏汉霖漕河泾生产基地

期临床试验已于近期在澳大利亚顺利启动。

追求药品的“高质量可负担”

“中国的手机，像华为、OPPO 为什么可以做得那么好？为什么中国手机能卖到国际上，药就不能卖到国际上？关键还是质量问题。只要我们的质量达到国际标准，就可以卖到国际上。所以，生产符合国际质量标准的产品是我们坚持不懈的追求。”刘世高告诉记者。

复星医药集团董事长陈启宇也表示，复星医药所做的一切都是为了患者得到更及时的诊断、更有效的治疗、更高效的供应、更满意的服务以及质量更好、更可负担的支付。基于这样的理念，刘世高想到了很多办法。

在刘世高看来，创新型单抗开发是未来的发展趋势，复宏汉霖立足于为病患提供“负担得起”的创新药，具体的策略就是做改良式的创新，即针对已经验证的靶点做第二代第三代的抗体，大大降低产品开发风险，降低产品开发成本，让创新药品未来更可及。

“像 HLX01 这个产品，它的通用名是利妥昔单抗注射液，其原研药叫美罗华，是美国食品药品监督管理局在 1997 年批准的第一个用于治疗非霍奇金淋巴瘤的单克隆抗体药物。美罗华自 2000 年进入中国市场，多数患者家庭根本负担不起。中国每年新增超过 4 万个非霍奇金淋巴瘤患者， HLX01 产品一旦获得批准上市，将打破国外产品垄断市场的僵局，使更多的患者从中获益。”刘世高说。

之所以进行这样的努力，刘世高表示，单抗类似药一是成本优势，利用创新技术，把控生产成本，做到质优价廉；二是对标欧盟标准，立足本土市场的同时，产品未来可以进军新兴国家市场。他说：“‘十三五’期间，除了继续寻求新的技术和方法降低成本外，我们还会持续加大创新，开发多个创新单抗产品。”

复宏汉霖在技术层面创新升级，研发出更多病患可支付的生物药的同时，复星医药集团还在打造“创新药 + 医疗服务 + 健康保险”大健康发展模式。2016 年 8 月，中国保险监督管理委员会批准设立复星联合健康保险，为消费者提供全生命周期的保险产品，有些病患加入保险以后，在使用创新生物药的时候，可以减轻很多经济负担。

永持“医者仁心”

成立 8 年来，复宏汉霖专注单抗药物的创新研发，在研发上投入 8 亿多元，虽然到现在仍无营收，但已成为估值约 200 亿元的“独角兽”企业。近年以来，来自同行的嘉奖和政府的认可接踵而至，这也是复宏汉霖研发投入开始进入收获期的佐证。

2017 年 2 月，在亚太地区生物工艺卓越奖颁奖典礼上，复宏汉霖

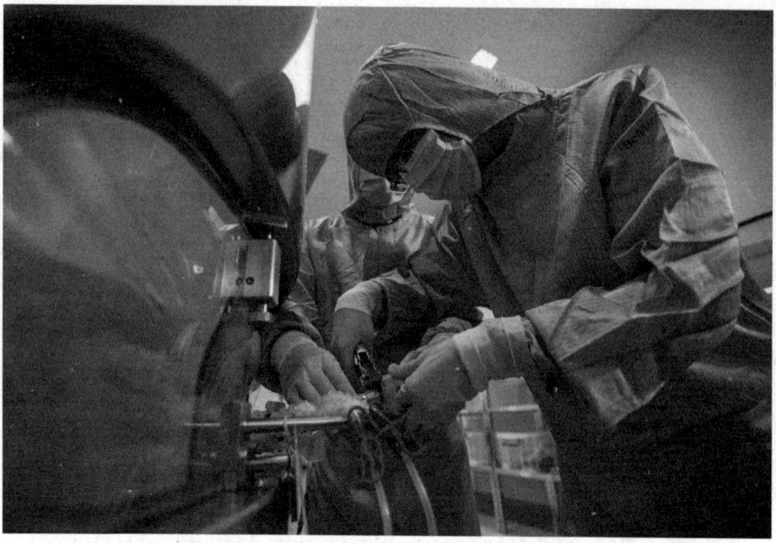

生产人员在操作一次性生物反应器

荣获“中国最佳生物工艺卓越奖”以及“创新单抗开发前沿技术创新奖”两项殊荣。这个奖项旨在表彰亚太地区生物工艺领域表现突出的行业领军者；复宏汉霖还收到上海市相关部门联合颁发的《高新技术企业证书》，以此认可复宏汉霖在生物医药领域持续创新研究与技术成果转化能力。

“我们应当永远铭记，药物是为了人类而生产，不是为了追求利润而制造的，只要我们坚守这一信念，利润必将随之而来。”刘世高不止一次引用了乔治·默克的价值观，他认为这段话很精彩地诠释了医药人才的使命感。“我们的选人、用人、育人、留人，立足在更及时有效地执行研发计划及解决研发问题，唯有如此才能让公司不断完成重要的研发目标，公司的研发实力得到进步，行业地位自然受到尊崇，人才的自我价值才能实现，一个人才和产品可持续发展的正循环就建立了。”刘世高说，用这种高层次的、精神上持久的满足来吸引有能力有理想有激情有责任的医药精英，这种精神上的共同追求，才是最稳固、最长久的，也是最具包容性的企业文化。

“未来，复宏汉霖的研发投入还将进一步加大。”刘世高说，“我们希望成为一个全方位的制药公司，完成从研发到生产、到销售一体化核心能力的建设。现在我们已经建立了研究、开发、生产的核心能力，未来当我们有足够产品的时候，也不排除进入销售领域，成为一个全方位的制药公司。”

复宏汉霖总裁兼 CEO 刘世高

创业者说

复宏汉霖总裁兼 CEO　刘世高

利润最高的生物药全球销量持续增长，中国市场全球占比却极为有限，这其中的原因无非是两点：一是进口单抗药价格高昂，普通百姓难以负担；二就是目前还没有国产单抗药物上市，单抗药可及性低，其实就是 affordable（可负担）和 available（可及性）的问题。

希望久盼甘霖的患者能够用上质高价优的单抗药，得到应有的治疗，这是我成立复宏汉霖的初心。降低生物类似药研发成本决不能以牺牲质量为代价，质量是当前中国药走向世界的壁垒，只要药的质量达到国际标准，就可以销售到国际上，我们的药就能够服务惠及更多的病患，除了中国百姓的需求之外，经济实力更加薄弱的新兴市场的百姓也能用上我们的药。只有把国内的质量标准提高，与国际接轨，我们做的事情才更有意义。

信达生物／做个有理想的企业

经济日报·中国经济网记者　佘惠敏

企业小传

信达生物制药（苏州）有限公司，由国家“千人计划”特聘专家俞德超博士于 2011 年在苏州工业园区创建，致力于开发、生产和销售用于治疗肿瘤等重大疾病的单克隆抗体新药，是目前中国生物制药领域最具影响力的“独角兽”企业之一。

成立以来，信达生物始终坚持以国际最高标准推动创新。目前，信达生物组建了“近 1% 是国家千人计划专家”“10% 是海归专家”的中国顶尖生物药创新团队；获得美国富达、新加坡淡马锡等全球优质创投资本 5.8 亿美元；按照国家食品药品监督管理局、美国食品药品管理局（FDA）和欧盟药品管理局（EMA）的药品生产质量管理规范（GMP）建成高端生物药产业化基地；17 个单克隆抗体新药品种组成的产品链中，2 个品种是国家“重大新药创制”专项，PD-1 单抗信迪利注射液提交上市申请，并获得优先审评资格；信达生物与美国礼来达成了超过 15 亿美元的“中国生物制药国际合作第一单”，开创了中国生物制药企业发展的新模式。

俞德超是一个有理想的人，他创办了一家有理想的公司——信达生物。

他的理想是："做老百姓用得起的高质量生物创新药！"

这个理想说起来简单，做起来难度却很高。10 亿美元、10 年，这是业界公认的生物创新药从研发到上市的成本和周期。高昂的成本和漫长的周期，让初创企业很难下决心挑战这样的困难模式，而往往去选择更轻松、收益更快的仿制药路线。

但 2011 年 8 月才成立的信达生物制药（苏州）有限公司，却偏偏知难而行，选择了生物创新药研发生产之路。短短 7 年多的时间里，这家企业飞速发展，正在一步步接近自己的理想：

——建立起 17 个新药品种的产业链，其中 2 个品种入选国家"重大新药创制"专项，9 个品种已进入临床研究，4 个处于临床 III 期阶段。

——按照 CFDA、美国 FDA 和欧盟 EMA 的 GMP 标准建成高端生物药产业化基地。

——成功完成五轮融资，获得 5.8 亿美元的资金支持，融资规模在国内生物医药行业遥遥领先。

——与美国礼来制药达成全面战略合作，将 5 种创新产品的海外市场转让给美国礼来制药开发，获得首付及里程碑款超 15 亿美元。这是迄今为止中国生物医药领域金额最大的国际合作，第一次让中国发明的原创药卖出了国际价。

理想，激发世界水准的创新

如果说研发化学药是造自行车，那研发生物药就相当于造飞机。生物药中的单克隆抗体类药物，更是飞机中的战斗机。理想的推动力，让信达生物造出了国际水准的生物药"战斗机"。

2012 年 5 月，信达生物第一次战略会议在苏州平江路的一家茶馆里召开。那时的信达生物很小，刚刚注册成立 9 个月，只有 20 多个人，

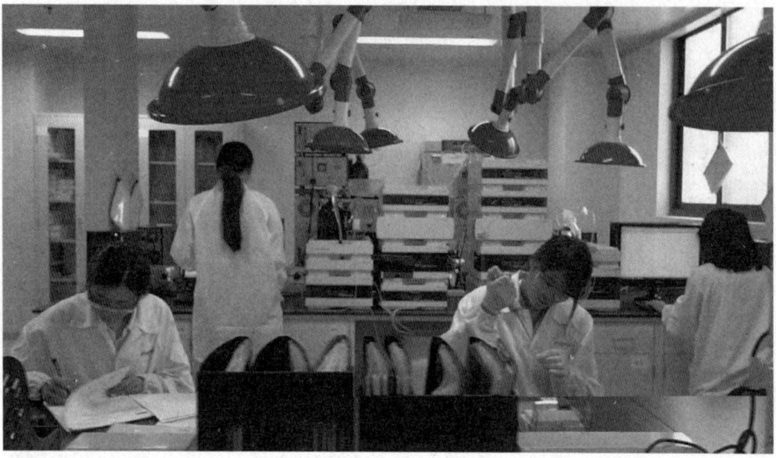
信达生物实验室

从苏州生物纳米园借来一个房间当作大家共用的办公室，站在这头打电话，另一头听得清清楚楚。

虽然只是一家初创小公司，但“小公司”着手绘制的蓝图却很大。第一次战略会上信达生物就确定了两条在同行看来堪称“疯狂”的决议：开发达到国际标准的生物创新药产品链，建设国际标准的生物创新药生产基地。

那时候，这样定义一家国内的初创公司是非常冒险的。因为国内市场上大部分药是门槛要低得多的仿制药。初创阶段寻求投资时，信达生物的发展定位饱受投资人的质疑：“现阶段中国怎么可能做出国际标准创新药？”在他们看来，信达生物好高骛远，极有可能烧钱烧到血本无归。

但在俞德超看来，从药品研发到生产，全面对标国际标准，才是实现自己理想的必经之路。

1964 年出生于浙江台州天台山一个小山村的俞德超，是中国“千人计划”引进人才。1993年，他在中国科学院获得分子遗传学博士学位后赴美，在加州大学博士后站从事药物化学专业研究，随后在美国多家生物药公司从事新药研发。在美10余年，俞德超拥有多项专利，在硅谷安家。但在美国，他不时听说一些老家熟识的乡亲患上癌症等大病，有些疾病在美国有生物药可治疗治愈，但因进口药过于昂贵，这些中国乡亲买不起而不得不放弃治疗。俞德超深感痛心，2006年，他决意回国，研发中国老百姓用得起的、具有中国自主知识产权的创新药。

“中国应该有自己开发的高质量生物药，让中国老百姓更好地分享世界科技进步的成果。对我而言，这不仅是巨大的商机，也是让我的人生变得非常有意义的机会。”俞德超说。

让俞德超深感振奋的是，在2012年看起来过于超前的公司战略，因为契合了国家需要，现在已变成了先发优势：“现在国家药监局正在实施一系列大刀阔斧的改革，信达生物当初的发展目标和目前国家改革方向‘不谋而合、同频共振’。”

理想，是推动俞德超和他的信达生物一步步前行的动力。单抗药物治疗因其靶向准、低毒、疗效好，被广泛应用在肿瘤、自身免疫病、病毒感染、骨质疏松、心脑血管等领域，但是其开发成本高、难度大、产能有限，对研发公司的技术、资金都有着极高的要求。理想的推动力，让信达生物造出了国际水准的生物药“战斗机”。

成立7年，信达生物已经搭建起17个单克隆抗体产品链，其中4种已进入临床III期研究。这些药品都是世界级水准的创新。

IBI302，是一种治疗糖尿病视网膜病变、年龄相关性黄斑病变的单抗注射液，被业内人士评价为“有最完美的设计”，破解了目前国际同类药物治标不治本的致命缺陷；

IBI306，一种单抗降脂药，对降脂不理想的顽固性病人有良好疗效，将目前国际同类药的注射周期大大延长，可大幅降低患者治疗成本；

IBI308，一种PD-1抗癌药物，国际生物药巨头礼来公司经过检测，发现该药低于100倍剂量的效果都比目前市场上已有的PD–1药物更好，于是叫停自己的同类研发项目，转而购买信达的产品；PD–1单抗信迪利注射液现已提交上市申请，并获得优先审评资格；

……

2019年2月，信达生物抗肿瘤新药“达伯舒”（信迪利单抗注射液）在国内上市。

理想，凝聚志同道合的团队

“信达生物创办之时就确立‘开发出老百姓用得起的高质量生物药’这一使命。这样的使命会帮助你找到志同道合的同伴，让这个使命不再是你个人的事，让大家一起努力做伟大的事。”

拥有60多项发明专利、其中38项为美国专利的俞德超，是一个典

信达生物抗体产业化基地中的制剂（抗体药物）生产车间

型的新药研发科学家。在 2011 年赴苏州创办信达生物公司之前，俞德超已经发明了国家一类新药两个：安柯瑞是全球第一个用病毒治疗肿瘤的生物创新药；眼科生物药康柏西普是中国第一个具有全球知识产权的单克隆抗体新药。

但仅仅作为一个科学家，并不能实现他的理想，这也是他创办信达生物的由来。“信达，意思是‘始于信，达于行’。”俞德超说，优秀的企业总是与“使命”相伴相随。

始于信之后，就是达于行。在共同的信念下，信达人踏踏实实地做事。

俞德超还记得信达公司开发第一个生物药 IBI301 时的艰辛。“这种药物用于治疗淋巴癌，一种药物从立项到申请临床试验，一般要 2 年，我们 12 个月就做好了。”

超常规的速度背后，是信达团队超常规的付出。

当时，公司在借来的房子里办公，筹建的实验室还在图纸上，订制的设备在外国设计师的电脑里……每个人都想尽快把项目运转起来，无米无锅怎么办？

信达人把“借”字发挥到了极致：没有实验室，就借用苏州纳米生物园区的公共实验平台做实验；定制的仪器设备还没做好，就缠着供应商去租借现有的样品；借来的办公室太小甚至放不下一个存放试剂的冰箱，就借用临近公司的冰箱中腾出来的一小块地方……可以说，IBI301 这颗金蛋，三分之一是借别人的鸡孵出来的！

“那时黄小乐经常自己骑着自行车拉设备，借设备，租试剂；旦巧荣刚生完小孩几个月，就经常加班加点工作……”说起公司里第一批跟随他的老员工，俞德超充满感情：“他们跟我有共同的理念，觉得做创新药有奔头，在公司什么都没有的时候远离家乡、拖家带口来到苏州。公司初创阶段，虽然已拿到第一笔融资 500 万美金，但这笔钱买设备都不够，当时我每天如履薄冰，最担心的就是公司发展不好辜负了这些员工。直到几个月后融到第二笔钱，我才松口气。现在我比较欣慰的是，他们都发展得很好，都有公司股份。"

俞德超坚持以国际标准进行新药研发和生产线建设，他所组建的团队也是国际化的。

薄科瑞、陈朝华、刘敏、奚浩、周勤伟、阙红、徐炜……这些核心领导团队的成员，都具备多年海外著名药企的工作经验。短短 7 年，信达已经从起初仅有一间办公室的小公司，扩大成为拥有 9 万多平方米集研发、办公、生产和销售为一体的生物创新药基地，信达团队也从几个人发展到 600 多人，10% 是海归，其中"千人计划"国家特聘专家就有 4 位。

理想，吸引国际视野的投资

信达生物的成功实践表明，拥有自主知识产权的高质量创新药，可以在上市之前的研发阶段，就能通过海外授权持续地为企业发展提供资金来源。

做生物创新药，既要有人，也要有钱。由于风险高、投入大、周期长，"资本要素"历来是中国创新药研发的"软肋"，这不仅关系到药企的生存与发展，也严重制约着我国医药产业的创新水平。

以国际水准的团队，做国际标准的创新，让信达生物这家初创公司赢得了国际同行的尊重与国际资本的垂青。

创办至今，信达生物共进行了 5 轮融资。"我们融资还挺顺利的，除了第一轮是我们找钱，后面都是钱来找我们。企业做得好坏，投资人很重要，一定要找支持你发展理念和价值观的投资人。"俞德超说，找到认可企业使命的投资人，才能让企业有长远、健康的发展。"要通过国际认可的创新成果，把资本要素从过去的创新'软肋'变为保障创新的'铠甲'。"

在信达生物的发展中，与美国礼来制药的合作是一个里程碑。

美国礼来制药是一家拥有 140 多年历史的世界领先的制药公司，曾

信达生物工艺开发部的员工在开发 PD-1 抗体的产业化生产工艺

对信达生物的研发能力和产业化基地生产线进行现场审计，并进行“尽职调查”。当时，美国礼来派出 157 人的检查组，三次进驻信达生物，“每个角落、翻箱倒柜”地检查，以防止研发的原创性和合规性出现问题。当美国礼来制药拿着信达生物的新药跟美国最好的药进行样品对比时，发现信达生物研制的新药，超过美国同类药药效的 100 倍，这才确定投资与信达合作。

2015 年，美国礼来制药与信达生物两度签署协议，达成了总金额超 15 亿美元的战略合作，这是国际医药巨头第一次不计成本地买下中国人自主创新的生物药。

俞德超说，最让他感到自豪的，是这一合作改变了中国生物制药的创新生态和商业模式。以往中国制药公司可能需要先高投入 10 年，直到新药上市后才有回报，但信达生物的成功实践表明，拥有自主知识产权的高质量创新药，可以在上市之前的研发阶段，就通过海外授权持续地为企业发展提供资金来源。

谈及未来发展，俞德超说：“实现‘开发出老百姓用得起的高质量生物药’这一使命，任重道远。当下，我们致力做好三件事：一是把好药的质量关，要做国际水准的高质量创新药；二是要建立国际标准生产基地并达到一定生产规模，这才能让药价便宜下来；三是创新药的品种要有更大突破，这样才能惠及更多患者。”

俞德超代表信达生物在钓鱼台与美国礼来制药签署国际合作“第一单”

信达生物制药（苏州）有限公司董事长、总裁 俞德超

创业者说

信达生物制药（苏州）有限公司董事长、总裁　俞德超

创立一家公司就像养育一个孩子，会碰到很多意想不到的困难。创业者尤其是初创者，一定要有心理准备。你的坚持、对困难和风险的预估，会帮助你在创业道路上保持从容、镇定，在遇到困难时不轻易沮丧、失望。更重要的是，始终保持一颗坚持的心会带给你无限能量。即使前路荆棘、大厦将倾，即使遭遇“山穷水尽”，也要相信终会有“柳暗花明”、大放异彩的时刻。

做企业就像做人。古语云“人而无信、不知其可也”，人来到这个世界，一定要有自己的使命，这样一个人的生命才有意义。一家企业的创立，也应该有自己的使命。

创业者在创业之初就应该思考企业的使命。使命，不仅可以让你清晰地认识到自己所创立事业的社会价值，还可以帮助你团结、凝聚和借用整个社会的力量，找到真正认可公司使命的一群人。当一个人的使命，变成一群人的使命，你就不是一个人在战斗；当所有人都朝着一个方向，撸起袖子加油干，这样的企业才更有力量。

信达生物的使命是开发出老百姓用得起的高质量生物药，这是我创业的初心，也是我想为之付出努力的事业。信达生物的同事们正兢兢业业地跋涉在生物创新药开发之路上，希望有一天，我们的同胞们在有需要的时候，能够不用畏惧病痛和苦难，希望能让普通的老百姓都可以享受到科技进步所带来的健康成果。

蓝箭航天/脚踏实地仰望星空

经济日报 · 中国经济网记者　牛瑾

企业小传

北京蓝箭空间科技有限公司（以下简称“蓝箭航天”）成立于2015年，是国内从事火箭研制和运营的民营企业。公司聚焦中小型商业航天应用市场，致力于研制具有自主知识产权的液体燃料火箭发动机及商业运载火箭，凭借一流的技术研发团队，以高度集成的设计能力和单机创新能力，完成产品设计、制造、测试和交付全流程任务，为全球市场提供标准化发射服务解决方案。蓝箭航天始终把技术创新和市场驱动作为发展的核心要务，并有信心成为中国航天的有益补充，在未来持续助力我国宇航事业。

2018 年，是北京蓝箭空间科技有限公司（以下简称“蓝箭航天”）成立的第四年。就在这一年的 8 月 2 日，“闷声干大事”的蓝箭航天公布了即将搭载自主研制的中国民营运载火箭“朱雀一号”发射的商业卫星“未来号”的全系统设计图，卫星拟定于 2018 年第四季度发射入轨。届时，“朱雀一号”也将成为中国首枚执行商业发射任务的固体民营火箭。

目前，蓝箭航天研制的第一台民营液氧甲烷发动机小型化样机已经取得了推力室试车成功的好成绩。

蓝箭航天总部设在北京亦庄，在这里，公司创始人张昌武和他的团队瞄准民营火箭自主研发，推动着我国商业航天领域的创新与探索。

−161℃的冰与 3200℃的火

“朱雀一号”运载火箭

运载火箭是商业航天的基础，液体发动机是液体运载火箭的动力之源，推力室又是液体火箭发动机的核心部件。顺着这些环环相扣的关系推理下来，就不难明白此次液氧甲烷发动机小型化样机推力室试车成功，对蓝箭航天、对中国商业航天意味着什么。那段“跟时间赛跑”的日子也因此更加值得纪念。

刚踏出办公室的蓝箭航天发动机推力专业负责人唐牧星，又转身回来拿上了电吹风。上次成功点火后，团队彻夜开会决定调整火箭推力室内部材料选型。急性子的他每次都等不及新零件清洗后自然晾干再进烘干箱，这把电吹风无意中成了加快研发步伐的好帮手。

当然，这只是蓝箭航天完成众多技术迭代中的一个。2018 年春节前，液氧甲烷发动机小型化样机推力室成功完成了两次点火试验。3 月 21 日，团队经过缜密准备，决定开展第三次点火。按照工艺规程完成推力室气、液流试验、液压强度及气密性检查后，推力室被安装在试车台上，试验指挥员发出指令——“点火！”瞬间，一束蓝色火焰倏然而至，砰訇有声，甲烷燃烧时独有的光环清晰可见。然后，随着一声“关机”指令，测试设备上跳跃的曲线归于平静。指挥员宣布：各项参数符合预期，点火试车全部成功！这时，刚才连大气都不敢出的蓝箭航天团队才爆发出热烈的掌声与欢声。

据科研人员介绍，试车过程中最惊心动魄的环节发生在刚开始燃烧的两三秒之内。燃烧室内部温度瞬间达到 3200℃，壁外流过的甲烷则只有 −161℃。高热量会导致夹套内的甲烷气化，这一刻的甲烷相态非常复杂，存在气液混合态。更直白地说，在这两三秒内，如果燃烧效率低，火箭推力不够则无法起飞；如果混合不充分，局部可能被烧穿，火箭发射失败。

“在 −161℃的冰与 3200℃的火形成的夹缝中，实现甲烷的充分燃烧，是我们在设计层面需要突破的关键技术之一。”张昌武说。为此，蓝箭航天团队无数次推倒重来、无数次参数重组，用 3 个月左右的时间

蓝箭航天 80 吨液氧甲烷发动机短喷管推力室热试车

完成了方案设计，又用3个月左右的时间完成了原理样机的生产制造。“这段时间对我们至关重要。还好，我们成功了。”

其实，关于火箭发动机的“固液”之争已在某种程度上达成了共识。即，液体火箭是大势所趋，但固体运载火箭凭借反应快、机动灵活、可定制化程度高等特点依旧占据未来发射市场的一席之地。“所以，我们在固体发动机和液体发动机上同时发力，有了今天的成果。”张昌武告诉记者，“而且，相对于固体发动机，液体发动机研发周期长、难度大，对民营航天企业的技术能力和公司实力是不小的考验。但是，蓝箭航天一定要在这个领域闯出名堂。”

确定了必须攻克液体火箭发动机的方向，接下来就要确定最适合的推进剂了。蓝箭航天依据“提高性能、降低成本”这一原则，将一众“参赛”的推进剂“选手”筛了个遍。最终，综合实力最强的全能“选手”甲烷胜出，成了商业航天和星际航行的最佳燃料。

在做出研制方向和推进剂两个重要决定并成功“驯服”液氧甲烷推

力室之后，蓝箭航天已悄然开启了中国商业航天的新篇章。

和关键的人做成天大的事

要说蓝箭航天自创业至今最重要的那个决定，还要把时间推回到 2015 年甚至是更早的 2014 年下半年。

当时，张昌武还是金融圈的专业人士、航天圈的“门外汉”。凭着对航天的极大热情和对资本的敏锐嗅觉，2014 年下半年，他和朋友开始了调研，内容包括国内航天技术人才储备、供应链体系的开放程度以及国际市场对来自中国的运载火箭企业的看法等等。结果显示，国内运载火箭的人才、核心配套等都掌握在航天系统的国企手里，能否向民营企业开放是个大大的问号。

好在，一系列相关政策措施接连出台，让张昌武在要不要闯闯航天圈这个问题上不至于犹豫太久。

2014 年，国务院正式发布鼓励社会各类资本投资指导意见，欢迎各类社会资本投资中国的卫星商业发射、卫星应用等有关领域；2015 年 7 月份，财政部发布文件，境内单位提供航天运输服务适用增值税零税率政策，实行免退税办法；《2016 中国的航天》白皮书指出，鼓励引导民间资本和社会力量有序参与航天科研生产、空间基础设施建设、空间信息产品服务、卫星运营等航天活动，大力发展商业航天。这预示着，中国民营航天具备了“起飞”条件。

再加上一批极具创新活力的国际商业航天公司迅速成长，狠狠刺激了张昌武的神经。“火箭技术本来就是军民两用技术，既然国外市场能诞生民营商业化运载火箭公司，中国市场也一定可以。”

张昌武说，拿定主意之后，一切似乎变得顺利起来。出身金融行业的他，找到了几个关键的人——在欧洲卫星和发射市场拥有超过 10 年积累的联合创始人，其中包括曾在欧洲航天局任职的教授吴树范、为蓝箭航天带来天使轮融资的创想天使投资人牛旼。几位关键的人聚在一起，做了一件天大的事——2015 年上半年，蓝箭航天注册成立，张昌武担任首席执行官。

火箭行业在国内外都是卖方市场，火箭制造与发射远远无法满足卫星上天的需求。这意味着其商业模式相对简单，通过制造研发火箭并联合发射场、测控等合作伙伴为下游客户提供火箭发射服务。“所以，我们曾经想买火箭发动机，通过集成创新缩短研发周期。”张昌武说，后来发现，发动机是买不来的，必须自己干。

做自己的发动机，越快越好。但是，与决心相伴而来的是困难。

蓝箭航天遇到的第一个困难就是找人。“航天这个领域很有意思，与其说挖人，不如说吸引人，几位知名‘技术大脑’的加入会吸引更多志同道合的人才。”张昌武回忆说，原来他们的液体发动机团队只有两三个人，负责前期技术储备。2016 年下半年，公司开始加快组建液体发动机研制团队，每个慕名而来的新面孔都意味着熟人的重逢。半年后，蓝箭航天拥有了一个完整的液体发动机团队，这也被张昌武认为是“最珍贵的资产”。

不过，还有一个困难就是要找到企业层面的“小伙伴”。火箭生产链条很长，可能涉及几百家厂商。为让他们参与进来，张昌武可没少下功夫。“得让对方知道我们是认真的，还得让对方认可我们有能力把产品做出来，将来会有巨大的回报。”他说，“很多人冲着‘航天品质’愿意让我们试一试。在合作过程中，大家越来越认可我们的实力和模式。这也说明，航天领域还是得有‘真家伙’才行。”

在太空着陆我们的梦想

摆在蓝箭航天面前的困难远不只这些。在大众意识里，航天一直是尖端科技的代名词，质疑和轻视从来不曾远离想在这一领域有所作为的创业者们。

张昌武也总能听到类似的声音，但他有自己的态度——远离众人瞩

蓝箭航天与丹麦 Gomspace 公司签订火箭发射服务协议，这也是国内民营商业航天企业承接的第一笔国际市场商业火箭发射服务的订单

目的中心，一门心思搞研究。“火箭建造是个缓慢的过程，急不得，除非我们有十足的把握，否则不会对外公布任何东西。”张昌武说。

所以，之前的蓝箭航天一直是低调的。直到 2017 年 1 月份，蓝箭航天与丹麦 GomSpace 公司签订了火箭发射服务协议，成为国内承接国际商业火箭发射服务订单的第一家民营企业，这才被越来越多的人熟知。

GomSpace 是一家具有强大市场网络的航天公司，其合作伙伴遍布欧洲乃至全球，曾多次为美国航空航天总署提供微小卫星系统和相关服务。“此前，国内民营商业航天企业还没有任何商业火箭发射的案例，所以他们此次特别关注蓝箭的技术和产品，尤其是火箭能否适应卫星的载荷需求，包括轨道倾角、稳定性等一系列核心问题。”张昌武充满信心地说，蓝箭航天将最终证实中国民营航天的可靠性。

当然，蓝箭航天与GomSpace“牵手”成功还有一个重要原因，那就是蓝箭航天瞄准为低轨卫星组网补网提供更可靠和更经济的运载火箭，产品适销对路。张昌武表示，这个领域需要什么类型、多大规模的火箭，火箭需要搭载怎样的动力系统，都是市场驱动的结果。“目前，400 公里至 1000 公里轨道半径是空白，我们就要填补这个空白。前期订单主要来自海外，但国内也有部分科研院所正在与我们接洽。”

虽然顺利踏出了进军国际商业航天竞争的第一步，对蓝箭航天这样的中国民营航天公司来说，还有一个迫在眉睫的问题要解决，那就是需要更多“亮相”的机会。“我们需要向世界展示技术的完整性和可靠性，展示能可靠飞行的产品。”张昌武说，民营商业航天的核心优势在于较快的技术迭代，所以需要到国际上去开阔视野，尤其要向美国太空探索公司（Space X）这样的领先者学习对标。

在张昌武看来，Space X 带来了充满巨大诱惑的太空市场。正因如此，不少观察人士常常从 Space X 公司的发展中总结火箭公司的风险，其中第一条就是火箭公司有没有足够的财力支撑到发射成功的那一天。毕竟，一枚火箭的成本动辄就要几千万元甚至上亿元，即使 Space X 也是在创业第六年，经过 3 次发射失败后才成功发射第一枚运载火箭的。

令人欣喜的是，在液氧甲烷发动机小型化样机推力室试验成功之际，蓝箭航天又完成了 B 轮 2 亿元融资。本轮融资由金风科技领投，世纪天华、国开熔华跟投，创想天使、永柏资本等机构继续追加投资。在此之前，蓝箭航天已获得多轮融资，2015 年获得创想天使基金千万元天使轮融资，2016 年获得逾亿元 A 轮融资，2017 年获得数千万元 A+ 轮融资，再算上浙江省湖州市提供的超过 2 亿元的军民融合专项综合投资，迄今为止，蓝箭航天已累计获得各类投资超过 5 亿元。

有了资金的保障，蓝箭航天在既定的道路上踏实前行。目前，公司湖州火箭、发动机总装总测厂房项目已经动工改扩建，2018 年三季度交付使用；2019 年上半年，液氧甲烷发动机实现小批量生产；2020 年，

湖州智能制造基地航拍图

液体火箭将完成出厂……

有人调侃说，Space X 创始人埃隆·马斯克与钢铁侠之间只差一件“战衣”。马斯克距离成为钢铁侠还有多远，我们不得而知，但我们可以确定的是，以“在太空着陆我们的梦想”为信念的蓝箭航天走出的每一步，都是增强我国民营企业进入太空能力的一大步。

创业者说

在对的路上学会坚持与等待

蓝箭航天创始人、CEO 张昌武

很多人都说，投身于航天事业的人，必然会有一些理想主义。航天不是一个功利性的、能带来巨大财富的事业，却可以承载人类突破地心引力冲向太空的梦想。航天领域的创业，也注定和其他行业不同，是一个浪漫与现实交织、当下和远方并行的行业，它不仅需要资源和能力，更需要视野、匠心和坚韧。

2015 年至今，公司从成立之初的三位联合创始人“拎包”谈业务到现在两个研发中心、一个智能制造基地三地布局完成，百吨级液氧甲烷发动机和中型液体火箭生产制造全线铺开。目前，蓝箭航天虽仍在奋力向前，不敢轻易说出“成功”二字，但回望这 1200 多个日日夜夜，也有一些关于创业的心得体会可以分享给大家。

第一，看清行业所需。我们都认为，现在是国内商业航天企业最好的时代，从全球市场发展的角度，商业火箭呈现多元化发展趋势，商业卫星企业也是以几十倍的量级发展，包括美国在内的各个航天主流大国都在强化航天战略。我们国内有军民融合、建设航空强国战略的指引，时代赋予了我们推动国内航天事业的发展契机。这个契机必然催生出大量的市场需求，衍生出不断细分的市场，而民营创业企业要做的是匹配自身资源和能力，寻找最适合自己的切入口。

第二，学会等待。对造火箭来说，“慢即是快”，航天需要长周期耕耘。航天文化是求真务实的文化，航天产业的规律是产品为先，只有产品真正飞向太空，把卫星送入既定轨道，才算是完成了从研发到发射服务的闭环。在这个过程中，要经得起质疑和诱惑，始终沿着自己规划的方向发展。

第三，在对的路上坚持。创业的意义，在于创造出的产品能够真正满足市场需求，我们把满足市场需求的过程叫作“对的路线”。以蓝箭航天的技术路线为例，通过前期充分调研和论证，我们确定了自主研发液氧甲烷火箭发动机和液体运载火箭的路线。时至今日，我们的发动机和火箭取得了很多突破性进展，也有越来越多的业内人士认同我们的技术路线，部分产品已经率先实现了商业化，具备了盈利能力。可以说，蓝箭航天通过“坚持”定义了中国商业运载火箭企业的技术路线，为行业探索出了一条独立自主的发展路径。

筚路蓝缕，以启山林。希望通过创业者们的努力，未来以蓝箭航天为代表的民营航天企业可以成为中国航天的有益补充，增强国家未来进入太空的能力。与创业者们共勉。

蓝箭航天创始人 &CEO 张昌武

翎客航天／连接空间追梦人

经济日报·中国经济网记者　杨学聪

企业小传

翎客航天（LinkSpace）成立于2014年1月，是国内首家从事运载火箭研发与制造的商业航天创业公司，瞄准国内外日益增长的微小卫星发射需求，提供灵活、可靠、低成本的发射服务。公司总部位于北京经济技术开发区，目前已在北京、烟台、西安等多地设立研发中心及火箭试验基地。

翎客航天的主要业务为商业运载火箭及关键分系统的研发、制造及发射运营，目前已具备液体火箭发动机、可回收火箭原型机、箭载飞控系统、发动机试车台、固体发动机、探空火箭等多款产品。通过技术积累和团队成长，翎客航天首款可重复使用小型运载火箭新航线一号(NewLine-1)计划2020年左右首飞。

航空航天产业是我国战略性新兴产业。近年来，随着军民融合深入推进，民营资本掀起了商业航天发展热潮。在众多的民营航天企业中，北京翎客航天科技有限公司是很特别的一家。“我们比其他同行多的，可能就是坎儿了。”哈哈一笑中透出的豁达开朗，是创始人胡振宇给人最初的印象。

1993 年出生的胡振宇脸上尚有几分稚气，可经过 4 年多的创业生涯的磨练，他的言谈举止已经颇为老道。作为国内民营航天领域第一位拓荒者，这个总爱自嘲“填坑专业户”的毛头小伙子，愣是带着团队里比他年长许多的技术专家，逢山开路，遇水搭桥，大步奔向连接星辰大海的绚丽征程。

从第一家具有自主研制液体火箭发动机产品的公司，到国内唯一掌握火箭软着陆回收技术的团队，再到设计规模更大的亚轨道可重复发射火箭……翎客航天正用一点一滴的技术进步，向着连接空间的梦想靠近。

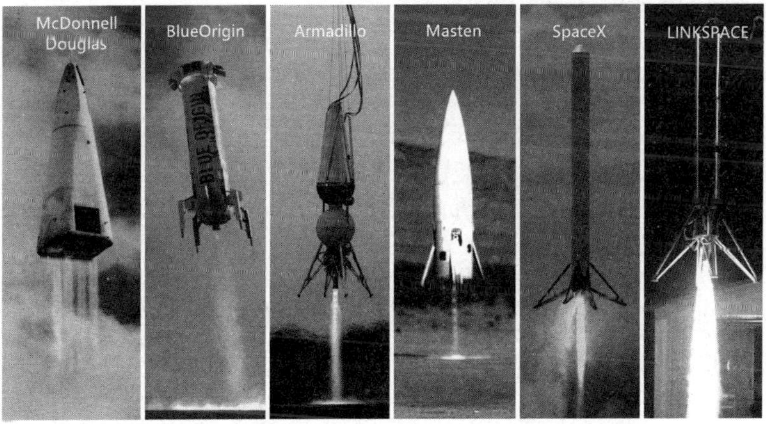

全球仅有 6 家具有垂直起降技术的民营公司，其中就包括翎客航天

“发烧友”组团创业

2014 年 1 月 2 日是个有特殊意义的日子。这一天，大四男生胡振宇揣着兜儿里仅有的 1000 多元钱，一个人坐公交到深圳工商局注册了一家名为翎客航天的民营企业。

“火箭是连接空间的使者，所以先确定的是公司英文名称 LinkSpace。”为给公司起个好名字，胡振宇没少翻字典。“‘客’代表一类人，翎是羽毛，我们做的就是让自己飞起来的事。”这个绞尽脑汁想出的名字，承载着他挺进太空的梦想。

一个学工商管理的年轻人，开办一家高大上的航天企业，生产发动机和火箭，这听来怎么都有些异想天开的味道，可胡振宇却说自己“绝非一时心血来潮”。

大学时代的胡振宇是个彻头彻尾的火箭“发烧友”，在 4 名爱好者组成的项目小组中担当组长角色。2013 年夏天，他和几个同伴鼓捣出来的火箭，在内蒙古呼啸着升空了。这次“一鸣惊人”给他带来一个梦寐以求的机会——去中科院空间所实习。

如果说，以前做火箭只是“玩票”，这次实习则给予了他把爱好发展成事业的可能。“我是个学到东西就想去应用、去验证的人。如果环境不允许，就自己创造环境去尝试。”创业之初，胡振宇就把用于气象探测、微重力实验等领域的亚轨道探空火箭视为突破口。

想成功，先得有靠谱的“班底”。当时，国内业余火箭发烧友大约有百十号人，动手能力极强的吴晓飞是圈子里公认的“大神”。他用 5 年时间完全靠自学就“啃”下了液体火箭发动机这块“硬骨头”。一直在发烧友论坛上“围观”的胡振宇径直找到他，向这位神交已久的朋友发出邀请：“一起干吧！”

不久后，毕业于北航飞行器设计专业的博士楚龙飞在网上看到他们的消息，毅然加入翎客航天，成为联合创始人。那一年，胡振宇 20 岁，吴晓飞 24 岁，楚龙飞 29 岁。

翎客航天的第一笔订单来自于上海某航天研究院所，金额虽然不大，但确实是个证明自己的机会。2014 年年底，这笔订单成功交付时，翎客也成功获得了第一轮融资。2015 年春天，翎客航天制造的两枚翎空系列探空火箭在内蒙古西部升空了。

探空火箭之后做什么？当胡振宇对公司的未来举棋不定时，大洋彼岸民营航天先行者们引领的技术跨越，让他眼前一亮。

先是美国民营航天企业蓝色起源（BlueOrigin）完成了首个进入太空的垂直起降飞行器，第二年又使用同一枚火箭先后完成 5 次百公里级亚轨道飞行试验；再是美国太空探索技术公司（SpaceX）成功完成人类首次可重复运载火箭软着陆，并在完成卫星发射任务的前提下实现运载火箭一子级回收，这意味着人类将能以更低成本进入太空……

“人家靠 20 人的团队能把这件事干出来，是件很酷的事。我们也想试一下。”翎客航天自此确定了垂直起降可重复路线，并于 2015 年

胡振宇在福布斯亚洲峰会进行英文演讲

下半年启动垂直起降火箭方案设计，并沿着这条路一直走到了今天。

如今，当年只有三五个人的团队已经脱胎换骨。2017 年初，胡振宇把公司总部迁到北京，选址北京经济开发区亦创机器人产业园。此前，他们已经在山东烟台具有成熟的总装厂房以及占地 5000 平方米的火箭（发动机）综合测试场。公司的火箭及发动机核心技术团队近 30 人，七成以上来自航天院所、火箭军、中科院等航天相关单位。

随着技术积累和团队成长，翎客航天立志成为中国可回收火箭技术的先行者，为人类大规模、常态化往返太空提供一流的基础设施和服务。其首款可重复使用的小型运载火箭新航线一号（NewLine-1）计划于 2020 年左右首飞。

“填坑专业户”愈挫愈勇

创业不易，在高大上的航天领域创业更难。梦想与现实之间，翎客航天遇到不少磕磕绊绊。本着“逢山开路、遇水架桥”的精神，他们用极客工程师特有的方式闯过了一个又一个难关。

创业初期有多难？胡振宇从手机中翻出一张照片给记者看，“这个是博士，这个是硕士”。照片中，几个汗流浃背的年轻人正合力把一辆满载发动机试验设备的货车从烂泥中推出来。

刚创业时，没有办公室，他们就挤在吴晓飞家不到 10 平方米的车库里做设计和设备调试。后来，他们终于找到一个高速公路旁弃置的堆场作为火箭试验场地搭建试验车间。夏天洪水淹没堆场时，大家只能站在水里工作。

就在翎客们“猫”在田间野外搞科研时，国内的民营航天企业数量也逐渐多了起来。同时，随着越来越多“科班出身”的工程师加入，专业对口的博士、硕士、工程师、研究员也成为企业的核心技术力量。

2016 年，翎客航天开始了第一次“迁徙”——创业者们用一辆 12 米的大货车满载公司全部家当——火箭发动机、贮箱、试车台、机床等各种仪器设备，跋涉700公里，来到了北方海滨小城山东龙口。当年6月份，在新建的试验场上，第一代垂直起降火箭原型机完成了首飞。

就在研发搞得风生水起时，翎客航天遭遇了创业以来最大的危

翎客航天位于山东龙口的火箭试验场

机——资金链濒临断裂。“2016年年底，研发团队还在山东‘浴血奋战’，合伙人给我下达的任务是‘去找钱，没钱你就别回来了’。”胡振宇说，“泡”在北京的日子，每天最重要的事就是见投资人，然后就是等待，“焦虑得快疯了”。功夫不负有心人，终于有一位投资人伸出橄榄枝，之后是第二位、第三位……

“死亡线”上走一遭，胡振宇自省，最终帮助他们挺过2016年冬天的，是看得见摸得着的技术成果。当时，这个不到10人的团队已经拥有了一个拿得出手的发动机，做了几百次试验、上万秒试车以及近200次的飞行试验，有自己的试验场、测试台，还有已经完成的技术订单。

同样让他感触颇深的是“酒香也怕巷子深”，要更便捷地获得各种资源，就要在北京这样的人才和资源聚集地扎下根。2017年初，翎客航天瞄准北京经济技术开发区重点扶持打造民营航空航天产业集群的时

机，将总部搬到北京。运载火箭团队随即宣告成立，全力推进小型商业运载火箭新航线一号（NewLine-1）项目，面向卫星发射市场正式发起进军。

“航天是个尤其依赖人才发展的行业，技术和资金都追着人走。很多工程师都住在亦庄。民营航天企业会在这里扎堆是必然的。”胡振宇不无遗憾地感叹，“还是来晚了。之前觉得在北京创业成本太高，犹豫的结果是这里好多优秀工程师都被别人挖走了。”

摸爬滚打 4 年多，胡振宇坦言，每个行当的需求和侧重点不同。一个民营航天企业想活下来，要么是创始团队实力强悍，要么是不断用技术成果来证明自己的价值。“我们属于后者。”资金有限，他们就俭省一切不必要的开支，把钱花在刀刃上，把更多资源留给技术团队。

如今，“非科班出身”的胡振宇把精力更多放在了企业运营上。他相信做事情只要坚持就能成功，因此即便是最艰苦时也没想过要放弃。“我们属于‘填坑专业户’，从在自行车库里起步，到在山东有试验场、在北京有办公室，坑越填越平。”胡振宇说。

一点点往前“拱”

与实力雄厚者“高举高打”的技术路径不同，翎客航天细心地把一个大目标切分成一个个小目标，步步为营地做好技术迭代。这样一点点往前“拱”的好处显而易见——通过大量试验尝试不同的可能性，有效控制成本和风险，提高了验证频次和机会。

可以说，翎客航天的大事记是由一份份清晰的技术“清单”构成的。

首先是发动机。2014 年 8 月份，实现 3kN 额定推力发动机的整机试车，当年年底先后完成 10 余次不同推力状态的点火试验。

其次是垂直起降。2015 年下半年，启动垂直起降原型火箭的研制；2016 年 7 月 13 日，在历经 70 余次不同状态的点火试验后，实现首次悬停飞行。这是火箭回收重复使用及未来行星表面着陆的关键技术。翎客航天由此成为国内唯一掌握该技术的团队。

此后，翎客航天向未来运载火箭回收这个“终极目标”发起了冲击。他们先后设计出 3 个不同版本的可重复试验平台，有的可满足更长更高的弹道飞行需求，有的则着力满足频繁起降飞行试验。

在经历了近 300 次、数十种状态参数及控制模型下的悬停飞行试验后，2018 年 1 月 4 日，翎客 RLV-T3 垂直起降火箭原型机在完成定点悬停、平移飞行等一系列动作后，圆满达成从 A 点到 B 点的试验目标。随后几天，多次类似的弹道飞行充分验证了火箭全系统的可靠性和回收控制技术的成熟。

RLV-T3 可回收火箭

短时间内开展如此频繁的试验是大多数航天企业难以做到的。“火箭是个异常复杂的系统工程，从控制角度来说它本身是个不稳定的系统，里面又装满了晃动的液体，每一次技术进步都非常难。”胡振宇说，他们的技术策略就是通过快速的技术迭代尝试各种可能性，由小到大，循序渐进。

目前，翎客航天最为看重的就是针对运载火箭一子级的回收技术。

一次性火箭的使用成本高，只能用来发射高价值的东西，但空间站里的宇航员们同样需要日用品等低价值的东西，寻找低成本的技术手段是大势所趋，因此火箭回收及重复使用是这个行业必然的趋势。

2017 年 10 月，翎客航天首款可重复运载火箭“新航线一号”（NewLine-1）正式发布。这个高约 24 米的“小巨人”，是两级液体运载火箭，将能把 200kg 左右的微小卫星送入 500km 太阳同步轨道，而它承载的中期任务正是运载火箭一子级回收。如果一切顺利，“新航线一号”将在 2020 年实现首飞。

创业以来，胡振宇也时常出现在各类榜单上。2014 年，胡振宇入选《财富》中国“40 岁以下 40 人”榜单，他也是那一年最年轻的上榜者；此后又入选《福布斯》亚洲“30 岁以下 30 人”榜单，并在 2018 年受邀在《福布斯》亚洲“30 岁以下 30 人”峰会上作为演讲嘉宾与亚洲最优秀的青年人们一起分享自己的创业故事；2018 年 6 月，胡振宇代表翎客航天受邀参加了联合国外空会议 50 周年纪念活动；2018 年 7 月，他又作为科创达人被推荐参与 2018“北京青年榜样·时代楷模”评选……

聚光灯下，胡振宇更清醒地认识到，技术领先才有发言权。这个 25 岁的年轻人仍带领团队一步一个脚印地往前“拱”。在多年技术积累的基础上，2018 年翎客航天研制了一款数吨级、多台发动机并联，难度更高、性能更好的液体可回收火箭，8 月进入出厂总装阶段，并计划 2019 年下半年前进行公里级高度的发射及回收试验。

现阶段，胡振宇最明确的目标就是让翎客航天成为国内首家实现运载火箭一子级回收的公司。“2019 年，我们计划把火箭可回收技术运用在亚轨道火箭上，大幅度降低亚轨道探空火箭的发射成本，从而进一步拓展探空火箭的应用市场。”

创业者说

要耐得住寂寞，要奔跑得更快

翎客航天 CEO　胡振宇

挺进太空，是全人类的梦想，也是我的梦想。

从初中三年级开始，我就深深迷上了化学。高中三年，我自学完成了大学研究生的化学课程。大学时，我又把大把时间花在了兴趣上。由于扎实的化学功底和动手能力，研制固体火箭发动机成了我的强项，加入火箭爱好者社团，并从此与火箭结缘。大四那年在深圳注册成立了公司，并立志用一生去实现连接太空的梦想。

回顾 4 年多创业路，我深深感到创业远比想起来难得多，从团队到资金再到试验场地，每件事情都不易。创业第一年，我们组建了自己的核心初创团队。大家拿着微薄的工资，一起守护着梦想的种子，看它破土而出。那段时间，大家除了睡觉吃饭就是在试验场做发动机点火试验，一起享受着创业初期的艰辛和快乐。

翎客航天能有今天是因为赶上了好时候。这个“好时候”是随着国内军民融合的推进，火箭和卫星领域开始向民营资本放开。我们能感受到，这个行业越来越受关注，参与者越来越多，各种资源也越来越集中。一些后来者在做着我们当年做过的事。面对竞争，我们最需要做的是保持时间上的优势，要比别人跑得更快。

作为过来人，我想对这个行业的后来者提两点建议：

首先，进军商业航天领域要做好创业时间的准备。与其他行业相比，在高大上的航空航天产业创业难度更大。从技术突破到产品得到市场认可，可能需要 3 年、5 年、甚至 10 年的时间，可能遇到各种不可预测的风险，这对创业者的心智是极大的考验。这时候，要耐得住寂寞。

其次,创业团队需要具有多方面的能力,不仅要能找到各种资源,更要有驾驭局势、弥合分歧的能力。日常管理中，要求创始团队知识体系更全面、视野更开阔。由于专业和视角不同，各个岗位上的伙伴常常会遇到意见相左的时候。这时候要求创始人做出对企业未来发展更有利的决策。

航天是一个真正意义上没有“天花板”的行业。我们相信，只要有梦想，又愿意为此付出百分之一百的努力，梦想的树苗终有一天会成长为参天大树。同时，我也希望越来越多的人愿意投身航天，加入到商业航天的创业大潮中来，志存高远，脚踏实地。

翎客航天 CEO 胡振宇

全图通／卫星应用热起来，不会遥远

经济日报·中国经济网记者　来洁

企业小传

这是一家刚满 2 岁的新公司——全图通位置网络有限公司。这是一颗心怀梦想的创业新星，只用了 20 多个人，就成功发射了全球首颗共享卫星——亦庄全图通·贺龙星。

张迪、王雅和、马长斗、蔺陆洲，他们携手创立了全图通。在他们勾勒的企业蓝图中，全图通将致力于提供以高精度时空信息为基准的天地一体综合信息服务，整合了航天在通信、遥感、导航领域的前沿技术，并以算法为驱动聚合芯片、模块、终端、系统的产业链。

2018年，是商业航天的“元年”。业界盛传此言，并非空穴来风。

这两年，我国商业航天发展的确迅猛。2017年我国18次火箭发射的商业卫星只有8颗。而2018年上半年长征11号就已经发射了11颗。

4月26日，“一箭五星”；1月19日，“一箭六星”——商业小卫星的高密度发射模式已经悄然开启。

在1月19日的“一箭六星”中，就有一颗卫星来自全图通。为了纪念航天工业奠基人贺龙元帅，这颗卫星被命名为“亦庄全图通·贺龙星”。这是全图通位置网络有限公司研制的首颗面向通导遥一体化（即通信、导航和遥感的一体化）的技术验证卫星。从2016年4月全图通成立，到首颗卫星上天，短短不到两年。

“这是全图通创业的一个里程碑，也是我们苦练内功的成果。有了自己的卫星，我们就可以与更多的行业展开合作。”全球通位置网络有限公司总经理马长斗，从事航天工作20年了，话语间浸透着浓浓的航天情怀。

一个小成就：全球首颗共享卫星上天

卫星是航天应用的主要载体，也是商业航天创新有待挖掘的重要领域，卫星的应用是商业航天的出发点和落脚点。

“说起卫星，很多人都觉得特别高大上，离自己特别遥远。其实不然。‘亦庄全图通·贺龙星’是一颗共享卫星，我们设计了‘共享卫星’的微信小程序作为平台，比如当卫星运行到你家楼顶时，就能给你拍一张个性化的卫星遥感图片，这一点也不科幻。”首席运营官蔺陆洲是位90后，他对卫星有着更多新想法、新玩法。

为了更好地把共享卫星用起来，全图通还打算联合其他航天企业，充分发掘商业航天资源，为用户提供响应速度更快、分辨率更高的卫星遥感图像拍摄服务。

“未来，我们将推出多种卫星服务，让用户以更有趣的方式与卫星

工作人员在进行卫星地面测试

互动。我们特别希望，大家能在生活和工作中，感知到卫星的存在和价值，多了解卫星，多用卫星，真正让卫星应用热起来。”蔺陆洲强调。

所谓微小卫星，指的就是重量在1000千克以下的卫星。全图通这颗卫星的个头很小，功能却很强大，除了用于提供拍照功能的先进小口径星载相机，还装备了不少神奇的法宝：比如船舶自动识别系统，可以提供船舶的船位、船速、改变航向率及航向等动态信息；比如导航通信一体化载荷，未来将可以为用户提供全球高精度服务。全图通与合作伙伴围绕这颗共享卫星的技术试验和应用服务，将按计划逐步开展……

在马长斗看来，全图通的首颗卫星还肩负着更大的使命。“作为面向实用的微小卫星，必须实现三个转变。第一，卫星集成度要上来。别看现在手机个头小，手机的集成度可比卫星复杂多了。因此卫星的功能密度必须提高，否则成本也很难降低。第二个转变就是未来的卫星一定要柔性化。能够根据用户的不同需求进行定制，共用功能、专用功能都要有。第三就是智能化。卫星上天之后，出了故障，要能够自我排除。现在卫星都是组网的形式，如果打上去的个别卫星坏了，怎么补？再重新发射一次的成本太高了。”马长斗强调。

一个小目标：推动免费的高精度位置服务

今天，位置服务已经融入了越来越多人的生活，开车导航、打车定位、运动轨迹回放、朋友圈晒图……人们对高精度位置服务的需求越来越多。

前不久，网上就闹出了这样一则乌龙新闻。有消息称，5 月 1 日“北斗地图”APP 上线，定位能精确到厘米。其实，这个北斗地图 APP 和北斗毫无关系。

不过，如何利用北斗卫星导航系统的技术优势，把位置服务做得更好用、更精准，则一直是全图通努力的方向。

“你觉得，位置服务需要精确到什么级别？米级，还是厘米级？”马长斗问记者。

“对普通人来说，米级应该够了。厘米级似乎用不上。”记者答道。

“是的！对大众用户来说，米级高精度的位置服务具有广阔的市场前景。比如在汽车启动时使用手机导航软件最容易出错。可能就是几米的范围，但定位总是不准。这就说明高精度位置服务还没做到家。”马长斗说，“高精度网络位置服务是从专业用户发展起来的，目标是解决测绘的科学问题。设备体积大、造价高，没法普及到大众市场。”

“其实，我国的位置网络服务并不缺站点，因为测绘、地震等行业和相关部门，都有各自的站点和网络，数量很多。真正缺少的是站网之间的整合，现有的站网没有充分地用好。建站不等于圈住市场。”说起当前高精度网络位置服务的弊端，马长斗概括了三句话：专业用户不需要，行业用户不准确，大众用户没起来。

于是，全图通给自己设定了一个小目标，做免费高精度服务的推动者。“人们的天然印象里，定位导航服务就是免费的。北斗的高精度位置服务也应该是免费的。我们需要做通产业链，从硬件、软件和运营维护服务中获得回报。不过，要做通产业链，应该具备核心技术和解决方案，二者缺一不可。”马长斗说。

3 月 26 日，全图通与中国软件评测中心共同成立了“导航定位高精度软件与算法联合实验室”。这在马长斗看来，意义更大。

“实验室的核心是算法。要从软件算法入手，深入各行业的应用场景等，解决行业迫切需要解决的问题。虽然都是导航定位，但是具体到不同的行业和场景，差别巨大。因此，解决方案一定要与行业具体的使用场景、特点相结合。我们希望针对行业应用打造一个以算法为核心的解决方案库，像超市的货架，为各行业提供有针对性的综合解决方案，进入行业。从行业应用再扩展到大众应用。”马长斗说。

全图通从算法切入行业的位置服务模式，目前已经初见成效。通过与邮政、石化等领域企业合作进行的多次算法测试，全图通已经为企业提供了多个具有针对性的解决方案。

一个小理想：让卫星真正用起来

差异化竞争能够带来企业的快速发展。“我国航天经验主要积累在高轨卫星方面，我们就集中优势做低轨卫星，让低轨微小卫星真正能用起来。”马长斗说。

虽然说组网才能发挥低轨小卫星的最大价值，但是对于动辄上百颗卫星的组网计划，马长斗并不看好。

低轨星座确实是方向，但是从我国航天发展的阶段来看，还需要一个过程。

马长斗说，“低轨卫星组网设计多少颗合适？我觉得，当前阶段不要超过 20 颗。星座设计要确保这个数量级的卫星就能提供一定的服务。这是我国卫星发展的历史和现实所决定的，因为卫星上天涉及方方面面，

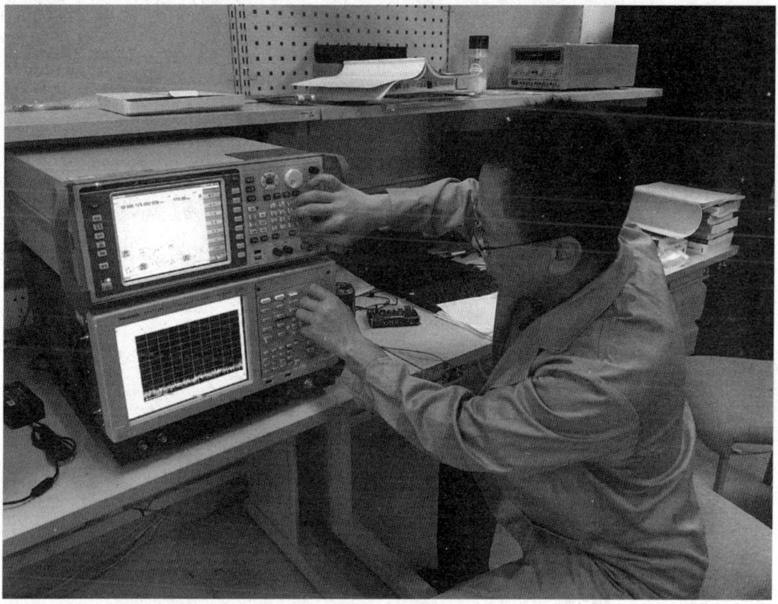

在导航定位高精度软件与算法联合实验室里，工作人员进行算法测试

既要考虑卫星的组批生产能力，又要保证质量过关，确保卫星的一致性和可靠性。与其卫星上天失败后再找原因，不如在发射前把质量控制好。另外，卫星组网还要协调火箭发射资源。发射几百颗卫星，听起来很美，但在目前阶段，实现起来可能很困难。所以做低轨星座，要高起点、小目标，从小目标做起，一步一步来。”

马长斗的冷静得益于他在航天系统 20 年的工作体验。1999 年，他研究生毕业就到北斗系统工作。

“随着我国上天的卫星越来越多，对卫星的研发、管理等都提出了新的挑战，急需实现一个新的跨越。其实，这些年北斗也在转型，从单星向组批生产转变，从特定用户向公众用户的转变。除了卫星质量之外，卫星应用也是商业航天的关键。应用是航天的出发点和落脚点，也是航天企业的立足点。我们要瞄准用户需求来做卫星，还要不断扩展用户。”

回顾全图通两年来的创业历程，可以清晰地看到这种理性的风格。

创业之初，全图通就以地基增强系统起步，在加德满都建设了尼泊尔的首张国家卫星导航地基增强网。现在这个地基增强系统正在为其机场建设、警察执法、中小学生校园安全提供高精度服务。这也是全图通响应国家“一带一路”倡议，瞄准国内和国际两个市场，积极为用户提供天地一体综合信息服务的具体体现。

在建设地基增强系统的基础上，全图通向底层算法和创新应用发展，在算法方面填补了国内算法评测和算法优化的空白，形成了行业应用发展的牵引动力。

在卫星导航创新应用方面，全图通与中国科学院光电研究院共同成立了“导航创新应用联合实验室”，发展室内外一体化高精度定位和卫星导航信号反射波等创新应用。

对刚满两岁的全图通来说，高速发展也得益于高效的创业团队。虽然公司只有 20 多人，但是各有所长、优势互补。“这是一个合作特别高效的团队。掌握先进技术、经营社会资源、熟悉资本运作、擅长国际合作等不同领域的专业人才互相补台，才能产生极具活力的化学反应。”马长斗说。

“中国商业航天的市场很大，前景很好，未来一定会有非常优秀的公司出现。不过，发展的过程会很漫长，还有很多关键点需要突破，脱胎换骨的变化还没有实现，这需要大家共同努力和推动。”马长斗对未来有信心，但仍不失冷静。

加德满都地面站

创业者说

全球通位置网络有限公司总经理　马长斗

我算得上是一个航天老兵了，从27岁研究生毕业后不久就进入北斗系统，开始接触卫星。伴随着北斗的不断发展成熟，不知不觉间在航天系统里泡了20年。

应该说，卫星这个特殊行业有比较强的封闭性，门槛也是比较高的。我最开始接触卫星，是作为北斗的用户方在西昌卫星发射中心，每天和航天界的元老前辈们在一起工作，有机会对很多问题进行了很深入的探讨和交流。这是一个特别好、特别难得的机缘去了解卫星。这种经历是一笔巨大的人生财富。

20年来，我始终对卫星有着一种很深的情怀。后来，我从航天体系走出来创业。创业不同于在体制内的科研，要把这种对卫星的情怀和市场、和实际应用结合起来，才有意义。毕竟卫星的应用是商业航天的出发点和落脚点。

组建团队是创业的关键一环。全图通公司的几位创始人在组建团队时，坚持让专业的人做专业的事，充分发挥了每个人的优势和特点，最大限度地趋利避害。这也是创业不到两年，公司能够发展得这么快的一个主要原因。

比如，我是从航天系统出来的，更熟悉科研院所，就侧重技术；张迪董事长的社会经验更丰富，就侧重经营；王雅和副董事长有着银行从业的经历，就侧重资本运作；蔺陆洲博士长期从事航天国际化工作，因为航天有天然的国际性，他的国际视野就很重要。

正是因为大家领域和视野的不同，在确定公司业务方向时，就不是同质化的思维，能够产生聚合的化学反应！

全球通位置网络有限公司总经理 马长斗

倍佳科技

“润滑”制造强国

经济日报 · 中国经济网记者　黄鑫

企业小传

河南倍佳润滑科技股份有限公司是一家集研发、生产、服务、培训、销售为一体的特种润滑油生产企业，国家级高新技术军工单位，一直致力于填补中国特种润滑产品的空白。该公司的研发中心两次承担国家火炬计划项目，一次承担国家级国际科技合作专项，已获批河南省高效润滑油工程技术研究中心、河南省特种润滑油国际联合实验室、河南省技术转移示范机构。公司获得专利保护 12 项，备案发布特种润滑油产品标准 24 项。

倍佳食品级润滑油脂是国内首个获得国际双认证的产品，于 2017 年成功投入市场，为中国食品企业在降低成本、保障设备安全运行、确保食品安全等方面提供服务，获得政府、媒体、用户的一致好评。

河南漯河，中国的“食品名城”。这里是可口可乐在中国最大的生产基地，来自美国总部的核心配方在这里被罐装成一瓶瓶可口可乐，运往四面八方。

这里也是中国高端润滑油领军企业倍佳科技所在地。“我们的核心配方将从这里走出，在全球各地的工厂被罐装成一瓶瓶润滑油产品。已经有很多国外企业来找我们洽谈，他们将在国外负责建厂房，我们负责提供技术。”倍佳科技的创办者、董事长胡纪根说。

这一愿景正慢慢成为现实。同样来自漯河的双汇集团，其全国23个分厂全部使用倍佳食品级润滑产品。2018年3月，倍佳产品第一次走出国门进军缅甸市场，通过其分公司美国CPU润滑科技公司，倍佳产品将销往全球。

摘取世界润滑油行业“皇冠”

“创新是引领发展的第一动力，我们每年对研发的投入超过30%。”胡纪根说。

河南倍佳润滑科技股份有限公司并没有高耸入云的现代化大楼，也没有整齐划一的机器人工厂，这是一个12年来一直低调埋头做研发的企业。从厂房里飘来的阵阵蛋糕般的香味让人疑惑这到底是一家食品企业还是润滑油企业。但在倍佳科技的展览室，一张张含金量很高的证书表明，10多年的潜心研发已经结出累累硕果，只待一飞冲天。

倍佳科技，亚洲唯一一家获得美国全球公众健康和安全组织（NSF）食品级润滑油（脂）H1和ISO21469双认证的企业，是中国第一家加入美国摩擦学者与润滑工程师协会的会员企业，是连续两次承担科技部火炬计划项目和一次国家级重大国际科技合作专项的民营企业，是中国第一家制定、发布特种润滑油产品企业备案标准的民营企业，是国家级高新技术企业。

倍佳科技的润滑油到底有多强？在倍佳科技实验室里有一台进口的

梯姆肯试验机，用来检验润滑油的抗磨性能。胡纪根用这台试验机做了一个现场演示。

第一次，机器启动后，在没有润滑油的情况下，试验机转动的轴承持续接受一颗钢珠的摩擦，发出了很大的声音，当机器后面的杠杆上加了 3 块每个 0.5 千克的砝码后，轴承已经承受不住负荷停止了转动，接触轴承的钢珠上因为磨损出现了一个很深的凹槽。

第二次，轴承上添加了国外知名品牌的高端润滑油后，摩擦声变小，砝码增加到 5 块时轴承停止转动，钢珠上的磨损凹槽变小了。

第三次，换成了倍佳新型内燃机润滑油，轴承的摩擦声已非常微弱，砝码增加到 13 块时轴承还没停止转动，接触轴承的钢珠上仅仅留下一个浅浅的摩擦亮斑。

这个试验直观易懂，也让人十分震撼。“我们的润滑油比普通润滑油能提高轴承承受力 3 倍，减少摩擦阻力 80%，而且吸附力非常强，试验后轴承沾上了我们的润滑油后，要用砂纸磨掉外面的金属层才能继续做试验。”胡纪根的话语充满了底气。

倍佳润滑油的瓶身上标注着大写的“CPU”，这个缩写不是指电脑的中央处理器吗？为什么用这个词作为倍佳的产品品牌？对此，胡纪根解释说，CPU 能让电脑运转得更快，是电脑的核心，而倍佳科技的目标就是让机械运转得更高效，要做润滑油的核心。中国正从制造大国走向制造强国，高品质、节能型、多功能、长寿命的润滑油是建设制造强国必不可少的核心动力。

倍佳科技推出了六大特种润滑油（脂）系列产品，每个型号的润滑油适用于不同的环境，能解决不同的问题。与市场上的润滑保护产品走“万金油”路线不同，倍佳科技在学习北美国家优秀科研成果的基础上，针对内燃机、齿轮、液压系统、汽轮机等不同零部件区域设计有针对性的产品。

据统计，倍佳科技目前已攻克世界性润滑技术难关 16 项，其中 3

项为国际领先，6 项属国内领先，5 项为填补行业空白，申请专利保护 13 项，其中发明专利 8 项、实用新型和外观设计 5 项。倍佳科技研发的产品通过美国润滑油检测中心评定，产品各项指标均达到领先水平，高出美国同类产品一代以上，在特种润滑油领域已达到世界领先水平。

倍佳科技的食品级润滑油生产线

挫败中确立创业目标

1961 年出生的胡纪根看起来比年轻人还要结实硬朗，他伸了伸笔直的背，说道："当年我就天天背着那个抗磨试验机走街串巷跑市场，那可是 34 公斤的机器啊，每次都需要别人帮忙才能背上去，所以背上了就不敢轻易放下来。"

胡纪根品尝过创业失败的艰辛。1992 年，改革开放的大潮席卷神州大地，胡纪根辞去了外贸局的铁饭碗，先经营食品厂，后又转战石油企业，赚到了人生中的第一桶金——200 多万元。当时，恰逢国有企业转制，外地一家石油化工企业因经营不善需要改制，胡纪根信心满满买下了这家企业。谁知这家企业不仅债务惊人，还有 200 多名挂靠本单位的职工。胡纪根接管企业后，要账的、闹事的天天不断。不到两年，200 多万元全赔进去了，还欠了很多债。

创业失败的胡纪根一度万念俱灰，在朋友的盛情邀请下前往加拿大散心，在那里不到半个月，胡纪根的心情就释然了。胡纪根解释说：“一个人不怕失败，就怕不知道失败的原因。我到了加拿大，视野开阔了，站在国际视野去看当时的中国，我发现我的失败是合乎规律的。因为我做的事情是大家都能做的，没什么技术含量。既然注定失败，那么早失败总比晚失败好，晚失败不是赔得更多吗？”

2000 年 3 月，在加拿大的“能源之都”卡尔加里，首次创业失败的胡纪根看到满大街各式各样的汽车时，在惊讶之余，立刻想到中国有那么多人，随着经济的发展，今后肯定会成为汽车用量最大的国家，高端润滑油在中国将有着巨大的市场。

“那时的中国还没有合成油，国内生产的润滑油几乎都是中低端产品，美孚已经进入中国。事实上，直到现在，占中国润滑油市场 80% 的中低端润滑油只挣到 20% 的利润，而占中国润滑油市场 20% 的高端润滑油却赚取了 80% 的利润。从那时起，我就下定决心，我一定要做中国高端润滑油的先锋。”胡纪根说。

想到就要做到。胡纪根分析了当时中国为什么做不出自己的高端润滑油，原因一是原材料，二是技术，三是人才。于是，胡纪根决定留在加拿大学习，专修石油精细化工。他先是成功申请到在卡尔加里大学的学习机会，并有幸师从当时世界一流的润滑油专家罗杰，用了一年多的时间修完了三年的课程，此后又进入贝尔实验室学习。

2002 年，胡纪根带着满腔的抱负和重拾的信心回到了中国，准备大干一场。“当时自己研发高端润滑油的条件还不成熟。首先，国内相关设备还没有，进口设备又很贵；第二，我当时没有资金。”胡纪根坦言。

于是，胡纪根从国外高端润滑油代理开始做起。他租了 3 间门面房又做起了贸易生意，每天背着 34 千克的梯姆肯试验机奔走全国各地，到处推销代理产品。“那时候，真的吃了很多苦。”胡纪根回忆说。比如，经常在火车上被罚款，因为机器超重；火车站进出排队又长又慢，胡纪根被机器压得疼到想哭；为了能免票，选择农历大年三十晚上坐车回家；借钱买了代理产品后，却没有通关的钱，只好把货物存放在天津保税区，有点钱就去拿点货出来……

做国外高端润滑油代理的 7 年，胡纪根不仅为后来自己研发高端润滑油积累了资金，也积累了经验。通过卖产品，他明白高端润滑油在高端设备中发挥的作用；通过跑市场，他掌握了中国润滑油行业的现状，发现了弊端、建立了目标。

就这样，胡纪根一点点打开了市场，一点点攒下了资本。2003 年，“我觉得具备条件了，开始买地，一边干一边建厂。别人建厂是先盖厂房再拉墙，我们是先拉墙，因为厂房一下子盖不出来，挣点钱就盖一点。”胡纪根调侃地说。

倍佳科技的研发中心

用中国油“润滑”制造强国

倍佳科技所在的园区汇集了双汇、银鸽、中粮、可口可乐、嘉吉、旺旺、康师傅等大型食品企业，倍佳科技在其中显得格外与众不同。2017年8月17日，倍佳科技宣布研发建成国内第一条食品级润滑油（脂）全自动生产线，5种润滑产品获得美国NSF的H1和ISO21469双认证，是世界上第17家同时获得美国NSF双认证的生产企业，也是亚洲第一家自主研发生产食品级润滑油并通过国际权威双认证的企业。

在发布会上，中国石油工业大学教授、博士生导师、公司首席科学家朱建华介绍说，生产食品级润滑油存在高难度技术壁垒，其生产工艺和技术长期只为西方国家所有。目前，国内市场上的大部分食品级润滑油价格比普通工业润滑油高10倍以上。倍佳科技食品级润滑油的突破，对中国食品工业的生产、对中国的食品安全具有重大意义。

从这一天开始，同一园区内的双汇等食品企业不用再千里迢迢从国外进口食品级润滑油。正如双汇集团负责人所言：“双汇集团作为世界最大的肉类加工企业，通过美国史密斯菲尔德公司对食品级润滑油有了初步的了解，在食品安全管控上按照国际标准植入食品级润滑油，所用产品几乎全部依靠进口，采购成本大。但倍佳科技填补了中国不能生产食品级润滑油的空白，这个成就值得每个中国人骄傲，也为亚洲争了光。”

不仅是双汇，其他食品企业也陆续开始使用倍佳科技的食品级润滑产品，如北京二商集团、南街村集团、北海玖加玖食品有限公司、河南泓一食品有限公司、河南霞美食品有限公司、河北慧拓印刷有限公司、冠县瑞祥生物科技开发有限公司等。食品级润滑油（脂）产品销量已占倍佳产品销量的40%，得到全国各地食品生产企业的高度认可，并呈现出越来越广阔的市场前景。

“不仅是食品企业，中国的高端制造需要高端润滑油。”胡纪根说。

中国是制造大国，大型机械品类繁杂、运转养护成本高昂。同时，中国正从制造大国向制造强国迈进。使用低端润滑油，会造成机械装备性能低下、使用周期短，短期看节约了成本，长远看并不划算。高品质、节能型、多功能、长寿命的高端润滑油能更好适应高端设备的需求，实现节能减排，缓解国家能源安全的严峻形势，孕育新的润滑产业。

中国大唐集团、中国华能、中国平煤神马集团等大型企业的使用、检测、实验报告佐证了胡纪根的结论。经测算，使用倍佳产品能有效降低摩擦阻力 80%，延长设备使用寿命 3 倍以上，所产生的直接经济效益高达 2 亿元。

“机械装备就像我们的骨骼，而润滑油就像我们的血液。在中国从制造大国向制造强国转变的过程中，没有高端润滑油与高端设备相匹配可不行。我们要紧紧围绕国家发展趋势做文章，要让中国的高端制造尽快摆脱‘洋油’时代。”胡纪根说。

倍佳科技董事长胡纪根在贝尔实验室和老师同学一起讨论课题

创业者说

匠心筑梦中国特种润滑

河南倍佳润滑科技股份有限公司总经理 胡纪根

2000年我受朋友邀请到了加拿大的“能源之都”卡尔加里，看到满街各式各样的汽车和工厂里先进的装备。由此想到中国一定会成为高端汽车和先进装备最多的国家，高端润滑油在中国将有着巨大的市场，而当时中国的高端润滑油是完全依赖国外品牌的。后来我在卡尔加里大学用了1年多的时间修完了3年的石油精细化工课程，并被推荐进入贝尔实验室实习。

2004年我用回国代理国外高端润滑油赚来的全部资金在漯河市高新区购地建厂，购买先进设备和仪器，开始特种润滑油（脂）的研发和探索，紧紧围绕国家节能减排做文章，不惜代价赶超世界先进研发水平。如何让中国的高端装备尽快摆脱“洋油”束缚，成为我今生的梦想。

为了实现这个梦想，我通过各种渠道了解和研究润滑技术，定下了引进、消化、吸收、创新、再创新的发展之路，数次出国学习，并同国内相关院校不断合作。终于，一系列技术难关得到了突破，有的还在国际行业中领先，期间承担了两次国家火炬计划项目，并在国家级国际重大合作专项中，圆满完成了高效液压油的攻关项目，为中国自动化工业液压系统润滑油填补了空白，同时在研发工作中多次获得国家科技资金支持，企业因此在特种润滑油市场竞争中崭露头角。

时至今日，公司已成为一家集研发、生产、服务、培训、销售为一体的国家级高新技术军工单位，研发投产的食品级润滑油（脂）获得亚洲首家ISO21469国际认证，为国家加强“从农田到餐桌”全过程食品安全工作提供了润滑保障，为食品企业在降低成本、保障设备安全运行、确保食品安全等方面提供有力支持，得到了来自政府、媒体、用户的一致好评。

倍佳科技董事长　胡纪根

e代驾

用移动互联网服务大众的“隐形司机”

经济日报·中国经济网记者　周琳

企业小传

在国家诸多鼓励创新创业政策的支持下，2011年以来一批新业态、新技术、新模式为代表的新经济企业陆续出现。作为国内最早创业的互联网代驾公司，e代驾通过互联网O2O模式（指线上营销线上购买带动线下经营和线下消费），以卫星定位技术为“抓手”，极大降低传统代驾的成本，带动国内互联网代驾市场从无到有，从小到大，从弱到强。酒驾入刑目前已实施7年，消费者对安全驾驶有深入的理解，使用安全代驾、方便代驾和便宜代驾的想法已深入人心，这是e代驾创业发展的“土壤”。随着e代驾开辟新的业务以及国内汽车保有量的增加，兼职代驾业务正成为一种时尚工作，而e代驾也在帮助中低收入人群就业、增收中找到自己的社会价值。

近年来，各地发生的女性安全恶性事件让人揪心，如何行之有效地保护女性安全，已成为当务之急。国内首批女性代驾司机日前参加北京警察学院特种驾驶培训中心的培训课程，随后互联网代驾公司 e 代驾正式上线保护女性安全的重磅功能，在服务的两端都进行实名预约等保护功能。这是创业 7 年来，e 代驾推出的第 15 项针对特殊人群的专属功能。

北京警察学院教授柳实说，e 代驾正式上线女司机专属服务在国内代驾行业中首开先河，女性司机开车更细心谨慎，有利于降低恶性交通事故、恶性安全事件发生。

"养活自己，帮助他人"，是 e 代驾这家公司的创业初心，正是这样的朴素理念成就了众多私募股权投资人，成就了黄宾、于杨这样的创业者，也促进了国内互联网代驾行业的发展。

女性专属的 e 代驾司机师傅

站上“风口”，迅速完成布局

随着新型移动互联网和智能手机的兴起，以及传统代驾行业的弊端日益凸显，黄宾嗅到了代驾市场涅槃重生的机会

2011年，刚从国外归来的创业者黄宾萌发利用O2O技术创业的初衷。一次聚餐酒后，黄宾偶然发现传统代驾低效、高价、不安全等市场“痛点”，脑海中盘算着利用互联网技术改造传统代驾的计划。

“我最初的想法不成熟，只想到传统代驾公司‘偷师’，看看人家是怎么运作的。”在黄宾看来，传统代驾的“痛点”是互联网代驾业务的商机，智能手机的LBS定位（移动位置服务）能有效解决代驾效率问题，而对司机管理有望从根本上改造传统代驾。

那时，以3G网络技术为代表的新型移动互联网和智能手机在全国迅速兴起，为互联网代驾奠定了基础。2011年“3·15”晚会中，部分传统租车公司以提供驾驶服务等方式从事或变相从事道路运输经营活动被曝光，随后一些公司宣布全面停止代驾租车业务；2011年5月，“酒驾入刑”。

黄宾嗅到了代驾市场涅槃重生的机会，他需要一个能够落地的互联网产品。在“偷师”3个月后，从传统代驾公司闪电辞职的黄宾，快速找到外包团队开发e代驾APP，2011年10月，e代驾1.0版正式上线。

可是，真正的创业远没有开发一款APP那么简单。e代驾技术总监杨名利介绍，e代驾的技术升级经历了多次艰难考验。2011年初创时，e代驾的派单主要依靠客服电话调动司机，即客户在手机或者电话下单后，总部平台通过电话分发订单给司机。

更苦的差事是互联网代驾开始“打市场”。e代驾天津城市负责人赵昱龙说，2013年前，天津几乎没有互联网代驾公司，所谓的代驾司机一般是兼职的酒吧、宾馆服务人员。市场是一片“处女地”，优点是几乎没有任何行业竞争对手，缺点是“垦荒”需要极大的创业耐力。

“当时我手下只有4名员工，2013年1月份至2014年初，我几

乎每天早晨 6 点起床，然后直奔天津人才市场抢摊位。为啥这么干？不抢位置，就招不到合适的司机，最开始真没想到招人有这么难。到 2014 年初，天津 e 代驾才招聘了 100 名司机，取得 300 多单的业务量。2014 年后，随着全国互联网代驾业务的发展，司机招募情况有所改善。如今司机招聘更容易，每 10 名司机来应聘，可能会刷掉 7 名。”赵昱龙说。

白天在人才市场抢完了司机，下午四五点赵昱龙又要带着已有的司机和管理团队，背着印有公司标志的纸巾盒等物品，开车去餐馆、酒店“打市场”。所谓“打市场”，主要是地面推广、品牌营销，即经过同意，把纸巾盒等放在餐馆、酒店等场所。

这些创业初期的琐碎工作看似容易，其实很辛苦。

互联网代驾业务的推广，显然动了很多人的“蛋糕”。“天津每单代驾起步价才 39 元，创业最初的 2 年间，与像酒吧、宾馆这样的传统代驾市场利益冲突很大。不过，最终真正淘汰这些传统代驾业态的力量是市场和消费者。”在 e 代驾联席 CEO 于杨看来，互联网代驾不但有效解决了代驾贵的难题，从根本上提高了代驾效率和服务质量，而且提升了代驾行业的保险能力和安全保障水平。尤其是部分女司机的出现，提升了代驾业务的整体信任度，女性找代驾的情况越来越多。

e 代驾最新发布的《全国酒驾形势报告》显示，2017 年 1 月 1 日至 5 月 31 日，全国使用互联网代驾超过 5700 万次，同比大幅增加。而站在“风口”的 e 代驾也迅速完成全国布局，截至 2017 年 12 月 18 日，e 代驾已在北京、上海、重庆等 311 个城市成立分支机构，拥有超过 20 万名签约司机。

“2017 年上半年互联网代驾大数据说明，拒绝酒驾、使用代驾的意识正在从过去一二线城市为主向三四线城市普及。随着互联网代驾业务的发展以及国内汽车保有量的增加，兼职代驾业务成为一种时尚工作。”

e代驾司机师傅将乘客送到目的地后交还钥匙

鏖战业内，沉淀技术经验

尽管行业竞争激烈，但是e代驾并没有掉入烧钱的“泥潭”，而是在技术升级上寻找突破口，把目标锁定在优化客户体验上。

再新的业务，也不可能一家独霸。2014年，互联网代驾行业开始出现各类竞争者。天津新成立微代驾、爱代驾等代驾公司，北京有易到用车、顺丰代驾等。此外，成都微动代驾、大连悦行代驾等平台也开始进入市场。

e 代驾的迎战策略是开发“线下补贴”，发代金券。“天津不如北京竞争激烈，当地的互联网代驾企业一般相对较小，有些是传统代驾公司加盟到互联网代驾公司，总体上这些竞争对手没有占到便宜，也没有采取长时间的补贴策略，竞争最激烈的时间也就持续 5 个月。”赵昱龙说。

“2014 年年底，58 同城集团开始涉足互联网代驾业务，也有部分传统租车公司转型为同类互联网竞争者，迅速在天津、杭州等地铺开代驾网络。北京的 e 代驾分公司开始感受到对手的压力。”在于杨看来，尽管代驾市场产生一定竞争，但总体并未对 e 代驾构成太大影响，在对司机进行合理管理及推出必要的优惠策略后，58 同城迅速“倒戈”成为 e 代驾的战略投资人。

但是，2015 年 7 月，“狼”真的来了。2015 年 7 月至 2016 年，滴滴出行为进入互联网代驾行业，开启了前所未有的“烧钱”模式。“那段时间，e 代驾迫于生存压力，也曾经跟进，但现实证明仅靠‘烧钱’难以提升代驾服务和订单量，有些客户反而会反感过度营销。代驾是一类比较特殊的服务业务，客户并不会因为过度营销或优惠券等手段而长期增加使用次数。与打车、叫外卖等使用频率较高的业务相比，‘烧钱’可能会维持短期代驾的流量，但不可能突破市场自身的需求。”于杨说。

为应对竞争，e 代驾埋头在技术升级上寻找突破口。杨名利介绍，“2013 年至 2014 年，e 代驾主要推行网络派单模式，当时以距离为唯一的派单指标，谁离得近谁能接到派单。但这个单一标准很难满足需求，后来又增加出点选派单、一键派单和自动派单等手段。2015 年后，e 代驾的派单更加智能化，预测区域、司机和客人匹配区域等人工智能技术开始普及，先后开发出包含派单、司机电子化系统、互联网司机招募平台等3大技术平台”。

杨名利介绍，有时候女性客户更注重安全，就由系统自动选配女司机服务。而在重庆、四川等山区较多的地方，虽然在手机地图上看起来距离很近，还需要考虑山上、山下、河流等地理情况，系统会自动选择实际路程最便捷的派单路线。此外，还有B2B的车管家服务，汽车4S店等非个人客户一般需要定制化的代驾服务，需要差异化的派单管理。这就是所谓的“聪明派单”策略，即根据客户需求自动派单。

而针对司机的电子化评分体系有点像交通法规扣分标准，司机每年正常运营满分是12分，技术操控有误、驾驶行为不规范等因素都会成为减分项目。根据司机评分的高低，e代驾的智能派单系统会自动优先派单给高分的代驾司机。针对出现作弊刷分的司机还有反作弊网络监测体系。

2016年以来，随着司机和长途代驾需求的增多，e代驾开始尝试上线抢单系统，互联网订单分发系统更加实时高效。“如果只是互联网自动派单，容易造成被派单的司机无法完成，而有能力和意愿进行长途代驾的司机却接不到订单。通过增加抢单系统，给司机选择长途订单以主动性。”杨名利说，目前公司还研发了针对酒店、4S店、餐馆推出的门店下单e代驾服务系统，即由餐饮服务员代叫e代驾司机。

创业不易，与滴滴出行的竞争并未因“烧钱”而结束。2017年初，e代驾开始调整战略布局，不再跟随“补贴大战”，而是把目标锁定在优化客户体验上。“说实话，我们创业公司没有那么多宝贵资金用来‘烧’，必须开发新业务应对。最近1年，公司新开发‘白天业务’，司机日均纯收入由从事单一代驾时的200多元增至400多元。”赵昱龙眼中的“白天业务”包括代停车、代洗车、代保养、代验车等，与夜晚代驾不同，这些业务大都发生在白天。

“白天业务”开启了e代驾全新市场。“这些业务大都是针对非个人客户的‘B2B’业务，与汽车4S店、保险公司、洗车店等商家合作，代驾司机的需求最低是数十人次，订单的总体业务额比较大。”于杨说。

2017 年 6 月份以来，暂停“补贴大战”的 e 代驾发现客单价格和司机收入依然保持上升态势。2017 年以来，天津的“白天业务”增加了 300%。经过补贴大战后，e 代驾的创业者们看清了市场的真实需求。“代驾与打车比较，是使用频次较低的业务。代驾的需求用户对补贴大战兴趣不高，代驾行业真正需要提升的仍是服务质量。”赵昱龙说。

说到底，互联网代驾是依托人力资源的服务行业，司机资源是代驾行业最宝贵的资源，离开了司机，任何竞争、客户体验都是空谈。为此，创业伊始，e 代驾就不遗余力提升司机质量。“我们天津分部过去每个月都培训司机，现在是每周培训。培训的内容包含路考、到达时效、服务态度、服务流程等。有时，管理人员还要一对一培训司机。”赵昱龙说。

谋求转型，塑造行业标准

创业以来，e 代驾“摸着石头过河”，有些业务模式已经成为行业标准。他们认为创业不是一锤子买卖，必须不断开辟新业务

“在 e 代驾初创的前 3 年，公司没有缺过钱，但创业需要居安思危，后 3 年我们看到了很多潜在危险。对于未来无人驾驶技术、人工智能技术以及共享汽车的冲击，代驾服务市场需求可能发生很大变化，互联网代驾业务或许不再是未来‘风口’。这也是 2014 年以来 e 代驾不停尝试‘白天业务’的初衷。”于杨指着公司的新标识告诉记者，“你瞧，我们的 LOGO 已经在 e 代驾之后增加了 e 车管家。这个管家的含义就包含了以车后服务为代表的全新白天业务，算是我们的‘二次创业’，创业可不是一锤子买卖，就算一时成功，开辟新业务也要再次创业，竞争可是一辈子的事。”

回顾 e 代驾的业务模式不难发现，整个代驾行业的标准也在伴随着创业过程不断建立和优化。于杨介绍，最初这个行业几乎没有先行者，他们的价格制定是“摸着石头过河”。例如，每单代驾完成后由 e 代驾

e代驾的师傅在工作中

公司总部提成 5 元信息费，其余部分是司机师傅收入。但这一模式很快暴露出短板。“5 元信息费太少，虽然对司机负担小，但根本养不活公司。后来又将信息费提高到每单营收的 20%，这一标准后来成为代驾行业的标准之一。”

创业 7 年，作为高层管理人员的于杨、黄宾很少有时间回家陪孩子，身在一线运营的赵昱龙、杨名利最大的心愿是能够等公司上市带家人出去玩玩。“很多人看到我们这样在 O2O 行业支撑 7 年并初具规模的创业公司都很羡慕，以为我们赚得盆满钵满，其实创业真的不只是为了赚钱。e 代驾创业是为了解决中低收入人群增收问题，服务好客户。任何创业企业不论是否获得风险投资，首先要考虑的是能否自己养活自己，如果不能，那么进入代驾行业无异于社会资源的浪费，这可能也是我们这家企业存在的社会价值——简单说，养活自己，帮助司机就业、增收，服务大众。”于杨说。

e代驾创始人、e代驾联席 CEO　于杨

创业者说

e代驾创始人、e代驾联席 CEO　于杨

我是e代驾最早的创始人之一。我们的创业初衷其实很简单，就是为了解决中低收入人群增收问题，服务好客户，赚钱并不是首要目的。

互联网企业创业“烧钱”占领市场，看似很过瘾，实际上并不可持续。当对手“烧钱”时，我们需要保持头脑冷静。任何创业企业不论是否获得风险投资，首先要考虑的是能否自己养活自己。如果不能，那么进入代驾行业无异于浪费资源。创业者一定要熟悉和清楚自己想要做的事到底是什么，盈利模式是什么，能不能赚钱，而不是一开始就想着“烧钱”拉客户，想着那种“有今天没明天”的发展模式。

代驾是一类比较特殊的服务业务，客户并不会因为过度营销或优惠券等手段而长期增加使用次数。与打车、叫外卖等使用频率较高的业务相比，短期看，“烧钱”可能会维持短期代驾的流量，但不可能突破市场自身的需求。并不是所有的“烧钱”模式都能够达到预期目的，一种模式是钱只要能烧出核心竞争力，这钱烧得就值。互联网花钱的地方，无非一是产品开发，二是产品运营。真正的互联网产品不是烧钱砸出来的，而是产品和商业模式具有价值。在有价值的业务上投入资金，是值得的。之所以用烧钱这个标签来给互联网定义，这其中也是因为很多的互联网业务从产品和商业模式来说都不成熟或者带有极大的投机性，本身的价值就比较低，当然这样的产品所花费的钱，只能用烧钱来定义了。

现在人们意识到代驾在反酒驾问题上的关键作用，而且随着以e代驾为代表的互联网代驾平台的发展和完善，越来越多的人逐渐接受了代驾这种生活方式。

ofo 小黄车 / 漫长赛道上的舍命狂奔

经济日报 · 中国经济网记者　陈静

企业小传

ofo 小黄车创立于 2014 年，是全球领先的无桩共享单车平台。用户可通过手机解锁自行车，享受随时随地有车骑的共享出行服务。

在越来越多的城市里，铺天盖地的小黄车正在改变人们“最后 3 公里”的出行习惯，ofo 小黄车的融资总额已超过 40 亿元。如今，ofo 小黄车已经在中国、美国、英国、新加坡、哈萨克斯坦连接了超 600 万辆共享单车，为全球用户提供了超 10 亿人次出行服务，建立起从用户舒适骑行到以物联网为载体、人工智能为核心的科技闭环。

2016 年 1 月 30 日，两个年轻人趴在北京国贸三期外面的栏杆上。在手机上输入“金沙江创投 Allen”，一张一张翻看搜出来的图片。这个自称叫 Allen 的人，刚刚冲进办公室向他们提出了一连串犀利的问题。“你觉得就是这个叫朱啸虎的人吗？”“好像就是他。他是不是投过滴滴？”“哇，见到名人了！”两个激动的年轻人冲回 56 楼，接受了金沙江创投 1000 万元的 A 轮融资。

这两个青涩的年轻人就是 ofo 小黄车的创始人兼 CEO 戴威和联合创始人张巳丁。15 个月之后，ofo 小黄车的融资总额已超过 40 亿元，共享单车也成为互联网行业的新“风口”，在越来越多的城市里，铺天盖地的小黄车正在改变人们“最后 3 公里”的出行习惯。如今，ofo 小黄车已经在中国、美国、英国、新加坡、哈萨克斯坦投放了超 600 万辆共享单车，为全球用户提供了超 10 亿人次出行服务。

这正是 ofo 小黄车上榜的理由。一个 5 名创始人都是“90 后”的年轻创业团队，究竟是怎样让公司飞速成长，并且适应了中国互联网产业近乎残酷的“游戏规则”？他们的挫折与成就，又给其他年轻的创业团队留下什么经验？

戴威说：“创业最重要的是要找到一个很长的赛道，在这个赛道上舍命狂奔。”

1 年 7 个月的“面子创业”

2014 年 2 月 15 日，青海省大通县东峡镇。还是北大学生的戴威在这里支教当数学老师，刚过完春节，薛鼎买了一张 9 块钱的机票，从家里跑来看他。在戴威狭小的宿舍里，两个大学同学凑在一起在纸上写写画画。“那时候我们已经讨论了半年，想做一些和骑行有关的事，但名字一直定不下来。”戴威回忆说，OTTO、随行……一个个名字被提出又被否定。“后来想，还是从象形的角度来设计，ofo 就是一个骑着自行车的人。这样全世界一看，就知道我们在做一件什么样的事情，那天

ofo 小黄车运维师傅张金成在北京中关村检修车辆

我们就把 ofo 这个名字注册了。”

有了名字，这是 ofo 小黄车成长中第一个重要的时间节点，但故事并未从此一帆风顺。

整整 19 个月，戴威和他的同伴们“非常迷茫”，他们做过山地车网络出租，两个月只有一笔订单；做过高端自行车的金融分期，一共卖出 5 辆车；做过二手自行车交易平台；与骑行相关的智能可穿戴设备……“每一个方向都是信心满满地推出来，但没什么响应。”

2014 年年底，ofo 将方向转向骑行旅游，将自行车租给游客，带着他们到处骑行，在这个项目上，ofo 拿到了 100 万元天使投资，之后赶上了 2015 年上半年资本市场的疯狂。

“那时候随便一个公司都能弄到好多钱，我的心态是，融到 A 轮就赢了！”戴威在“A 轮”两个字上加了重音，“觉得这就可以吹牛吹 3 年，可以了。那时候流行讲‘闭环’，我们就自己编故事，骑游怎么能闭环呢？就空想这样这样，那样那样，然后你看就闭环了！”他大笑起来。

被疯狂的资本市场驱使，ofo 决定：“烧钱”！给每一个注册 ofo 骑游应用的用户送一瓶脉动。“就 3 月份烧了 1 个月就没钱了。现在想想，100 万元人民币‘烧钱’那不是开玩笑吗？”但团队当时颇为自得，“当时想，照这个烧钱速度，再给我们 500 万，就能做出 100 万用户来，那就是挺厉害的公司啦。”

但资本给年轻人们上了严厉的一课。“我每天见好几个投资人，居然连一个感兴趣的反馈都没有，非常打击人。我们一开始想，A 轮融 2000 万，两周之后觉得不行，就说融 1500 万，然后再降到 800–1000 万、400 万，还是不行。你拿脉动换了几千个注册用户，资本一眼就看明白了，现实把这些不切实际的想法给浇灭了。”

2015 年 4 月底，ofo 账面上只剩 400 元钱，但 2 个程序员、5 个运营还等着发工资。马上就要从北大考古专业毕业的张巳丁觉得颇为忧伤："觉得这个公司要死了，自己毕业了还是要去故宫修文物。"

那个五一假期，戴威在夜里无法入睡，就骑着自行车在大街小巷闲逛。“那是一个比较深刻的反思。很多年轻的创业者跟我那时候心态差不多，为了什么创业呢？就是为了面子创业，周围都能融到钱，为什么就我们不行？心态非常浮躁。”

在那些深夜里，戴威想明白了一件事。“为什么走不下去？最重要的原因是这些方向都不是刚需，有固然好，没有也无所谓。每个人的时间都是有限的，心里对时间要花在哪里一定有优先级排序，最不重要的事情就被他们放弃了。当时我们选择的产品太弱了，只是一个 want（想要），而不是一个 need（需要）。”

他开始认真考虑大学生们的“痛点”，大学 4 年，戴威自己在学校里丢了5辆自行车。“我们的设想是，自己采购一些车，也让同学们把自行车交给我们，以‘所有权换使用权’，可以随时随地使用ofo平台上的任何一辆车。没有贡献车的同学则要交纳很少的租车费。”张巳丁说。ofo无桩共享单车的模式慢慢成形：自行车被装上了密码锁，手机扫码后获得开锁密码，按骑行时间或里程计费。

戴威、薛鼎和张巳丁这些ofo的元老们开始在校园里游说同学，给他们讲解自己的“共享单车计划”。2015年6月6日，终于有人找来，愿意共享自己的自行车。那是一辆破旧的蓝色山地车，ofo以最快的速度，给这辆车上了车牌，编号8808。

ofo一直在找一条很长的赛道，起点终于出现了。

“封校”的抉择

2015年9月7日早上8点，ofo仅有的6个成员扎堆儿站在北大校园。他们面前，是一整排黄色的自行车，这是ofo在北大正式上线服务的第一天。“头一天晚上大家干了个通宵，很疲惫，但那天我们就一直盯着后台的数字看，有500多个用户注册，200多个订单。之前哪怕10个用户，都是你求爷爷告奶奶的拉来的，这是第一次我们隐约觉得，终于做出了一个有生命力的产品，它是能长大的。”

找对方向，这是ofo小黄车成长中第二个重要的时间节点。上线第二天，300单，第三天，500单，在上线10天时，ofo日订单达到1500单。10月底，北大的单校日均订单超过4000笔。

“投放车辆+订单快速增长”，这个看起来顺风顺水的模式被不停复制，先是在北京的中国人民大学、中国地质大学、中国农业大学、北京语言文化大学、北京航空航天大学，在1月份拿到金沙江创投的1000万元A轮融资后，小黄车又进入了北京的20多所高校和武汉、上海、天津等城市的校园，戴威并不知道，他们将迎来创业路上“游戏规则”的又一场艰难的考验。

在 ofo 的办公室里，随处可见正在进行硬件优化的小黄车

“2015 年的 12 月份，我们的日订单就有 2 万多单，但到了 4 月，多投了 5 倍的学校，投了这么多车，结果一天还是 2 万多单。” ofo 联合创始人杨品杰回忆说，那时候一直开会分析原因，结论是大量自行车“有去无回”。“比如同学骑车出去买个东西，就不骑回来了，我们得找人往回搬，但架不住每天都有人在往外骑啊，还是个净流出的状态。校园里的车少了，想骑的人也没有车。”

ofo 的创始团队开展了激烈的争执，最后由戴威“拍板”：封校，ofo 自行车只能在校园内使用。“那时候最大的担忧是用户会反弹，不过我们毕竟有数据支撑，90% 以上的骑行还是在学校里。确实很纠结，但这是创业的早期你必须要面对的现实：你服务不了每一个用户，满足不了每一个人的需求。对 ofo 来讲，就是先让大部分人有车用。”在这件事里，学生创业想当然的“用户至上”开始让位于能力核算后的妥协。

尽管用户对“封校”并非没有抱怨，但在封校之后，ofo 的日订单数从 2 万单“跳升”到 8 万单，5 月 17 日达到 106322 单，突破了 10 万单，5 月 26 日，ofo 获得了经纬中国领投的 B 轮融资。“如果还停在 2 万单，肯定拿不到 B 轮，这在当时太关键了。”戴威说。

2016 年 9 月，各大高校一开学，ofo 的日订单数一下涨到日均 40 万单，收入也随之“水涨船高”到每月 1000 多万元，但就在一个月前，摩拜单车宣布进入北京市场。ofo 的联合创始人们在街头观察，骑着橙色自行车的人越来越多了。

戴威开始反思当初的“封校”。“城市就是不封校的校园，如果 5 月就直接选择进入城市，那肯定就不一样了。2016 年最遗憾的事，就是进城市进晚了，其实就是人更愿意待在自己的舒适区，我们当时计划用两年时间把全国 2000 个大学都做完，就天然地觉得，城市等我们两年后更强了再说吧。没有试过就自欺欺人。”

戴威喜欢足球，在足球队里踢前锋。“看球的时候我有一个体会，要是有个队得了点球却没罚进，多半会被对手进球反超，给了你这样的机会你都没抓住。创业也一样，在机会面前要谨慎冷静，但更要笃定地去把握机会。”

“钱”与“人”的双重考验

2016 年 10 月 16 日深夜，一辆辆小黄车被从货车上搬下，整齐地码放在北京西二旗和中关村两个地铁站的出站口。车子摆好了天还没亮，卸车的年轻人们谁也没走，静静擦起了车，像是父母打扮将要出嫁的女儿。第二天是个晴天，太阳把干干净净的小黄车照得闪闪发亮，不到 7 点，第一批早起的上班族走出地铁站，守了一夜的 ofo 员工们手持宣传单围了上去……

进入城市，这是 ofo 小黄车成长中第三个重要的时间节点。“我们没有准备好，但我们进城了。”戴威说，一周之前，ofo 刚刚获得 1.3 亿美元的 C 轮融资。从这一刻起，没有人再把他们当作一支青涩的学生创业团队，曾经美团、58 同城、滴滴出行……这些站在“风口”上的独角兽公司们所见识过的，残酷的互联网江湖，在他们面前徐徐铺开。

再后来的故事就是许多人耳熟能详的“舍命狂奔”。2016 年 11 月，ofo 宣布正式开启城市服务，2 周后，日订单超过 150 万单，成为继淘宝、京东、滴滴等互联网巨头之后，中国第九家日订单过百万的互联网平台。12 月，ofo 进军海外，在美国旧金山、英国伦敦、新加坡开始运营。2017 年 3 月 1 日，ofo 完成 4.5 亿美元 D 轮融资，5 月，ofo 宣布正式进入第 100 座城市拉萨。一个数字足够说明 ofo 令人目眩的扩张速度：2016 年 10 月，ofo 只有 6 万多辆单车，8 个月后，这个数字扩大了 100 倍。

在通往一家成熟企业的漫长道路上，在一路冲刺的不容喘息中，新的挑战又出现了。“最重要的是解决好两个问题，钱和人。”戴威这样告诉记者。

作为可能是全中国见识过最多投资机构的“90 后”，戴威喜欢刁钻但不冷酷的投资者。“好的投资者能够问出非常尖锐的问题，让你被问得很疼，他一下挖到的都是我们在现在这个模式中暂时没有解决的问题，但他不会上来就跟你提‘对赌’‘回购’之类的条款，不会这抠一点那抠一点。只要聊得好，我们不会纠结估值，甚至会打折让大家进入。”

ofo 的办公地点搬到了中关村的写字楼里，和老牌互联网公司们成了“邻居”，办公区过道里摆着各式各样研发中的小黄车，连茶水间和休息区的桌子也成了“工位”，被一台台笔记本电脑占据，两米多高的空心大白鸭“肚子”里是张大通铺，上面凌乱地堆着毯子，彻夜加班的工程师们会在这里小憩片刻。

“公司几十个人的时候，大家一块出去吃个串儿喝个酒就把会开了，

两米多高的空心大白鸭“肚子”里是张大通铺，彻夜加班的工程师们会在这里小憩片刻

现在我们光总部就有 600 多人，不能再凭热情凭感情就让它以最高效运转，只有组织制度的建立才能提供基础的安全，不过现在因为扩张速度，制度设置上还是会落后，你定好了一个适合 1000 人的制度，把它推广下去，大家刚学会，公司 2000 人了。这是非常痛苦的，但就像长个儿的时候腿疼一样，因为你长得太快了。”戴威说得相当坦白。

“市场、运营、产品、研发……在这些岗位上，大量成熟的人才乃至团队在进入 ofo，你们这么年轻，会不会担心因此失去对公司控制力和话语权？”对这个尖锐的问题，答案同样坦白。“现实生活和打游戏是类似的，你能长到多少级，不取决你的在线时长，而在于你打了多少怪，过了多少关，完成了多少任务。在两年多的时间里，我们面临的困难，扛过的压力，可能就是 3–5 倍于正常的大公司里人的成长，你能够应对变化和挑战，有足够强的抗压性和执行力，就能和职业的成熟团队很好地融合起来。”

这种坦白中正蕴含着某种青春洋溢的熠熠生辉。就像朱啸虎对 ofo 的评价：“有些共享单车模式太重了，互联网要靠轻模式迅速占领市场，以后再慢慢做重，这是互联网的一贯打法。戴威的思路很清晰，而且很多打法都很年轻化。”

然而年轻总是要经历种种考验。后来在 ofo 乃至共享单车这个行业，又发生了太多故事，比如曾经的老对手摩拜被美团点评收购，比如曾经的“亲密战友”滴滴接受了破产的小蓝单车，又给自己的共享单车起名“青桔”，比如再后来，ofo 收缩了戴威曾经踌躇满志的海外业务，甚至几次传出将被收购……

但故事的大幕还未最终落下。记者依然记得那时在 ofo 办公室写字楼的电梯里，一张挂着 ofo 工牌的年轻面孔兴高采烈地开着“脑洞”：“从 12 楼到 9 楼就应该修个大滑梯，我每天‘嗖’一下就滑下去，多爽！”他的肩膀上，扛着尚未组装完成的鲜黄色的自行车架。

那时候的戴威也在开着“脑洞”：“以 5 年为限，我们还是要先在广度上铺开，等到 2022 年，我们希望在全世界最主要的城市里，都能找到我们的自行车。就像是 2014 年的那个冬天，在小宿舍里我们想，有一天全世界都会认识这个名字，这个骑着自行车的小人，我们一定会成为一个全球化的公司。”

创业者说

空想想不出“产品力”

ofo 创始人　戴威

越早期的创业者和我聊天，看起来似乎越“专业”，张口就是“我们有怎样大的布局”，或者“我们要培养什么什么样的生态”。反倒是到了融资融到 A 轮、B 轮的公司，你会发现它们就专注一个点，做一件哪怕很小的事情，但是扎扎实实地往下做，慢慢地成长了起来。

对于年轻创业者来说，最重要的是避免空想，不能只停留在“我觉得应该是个需求”，而是要用实际来验证，好的产品有所谓“产品力”，它在瞬间就能长起来，比如共享单车、微信、打车和外卖，它不是你靠各种技巧或者策略能“拔”出来的。可能在一亿用户之后，你需要通过一定策略才能长大到两亿用户，但前面的 1000、10000 个用户一定是自己野蛮地长出来的，一定是因为你真的帮到了他们。

创业者要找到这个点，而且在早期的时候一定不要“烧钱”补贴，以补贴拉来 1000 个用户没有用，这些都是战术层面的事。我也发现有些人技术强，懂很多运营的规则，反而会在错的方向上跑得更远了，因为你的能量掩盖了很多已经存在的问题。“产品力”是真实存在的，A 轮前，一切都不是说出来或者是想出来的。

能融到钱，能被风险投资认可，这当然很好。但估值、融资这些都是外部的，你融到 G 轮又怎么样呢？重点是，你到底解决了什么问题，给用户创造了什么价值。到底这个跑道可以供你跑多远，能不能跑 10 年，20 年？而且拿到越多的钱，越要精打细算每一块钱怎么花，因为拿到越多的钱，也意味着你公司的体量也变得越大，对我们来说，100 万好计算怎么花，30 亿就要想清楚，怎么把每一块钱花在刀刃上，怎么让花钱的效率最大化。

互联网是一片竞争的丛林。没有竞争的时候，创业公司喜欢搞弹性工作制，言必称创意，有很多有趣的事情，但在激烈的竞争之下，你需要非常有步骤有节奏，严谨地计划和发展。但竞争依然是好事，最大的好处在于竞争会把你的问题放大，虽然市场有些时候会将这些问题描述得太夸张，但它毕竟是能把你自身的难点找出来，并且大声说出来，让你不得不重视它们。在越年轻的时候，越多的问题暴露出来，就可以越早地把它解决，不然等到体量变大了 100 倍，它很可能就是无解的。

年轻的创业团队会遇到很多"坑"，但对我来说，ofo 最棒的一点也就是年轻。这是一种心态，也是一种未来的可能性，是一种好奇，也是能够克服困难的，一颗颗积极的、往前看的心。

ofo 创始人 戴威

驹马物流

“冲刺”最后50公里！

经济日报 · 中国经济网记者　刘畅

企业小传

四川驹马企业管理有限公司主要从事城市配送服务。经过不断发展壮大，驹马在成都、重庆、深圳、广州、上海、西安等61个城市相继建立137个分公司、子公司。2017年，驹马一举拿下4.5亿投资，通过有效整合社会的闲散运力和离散货源，驹马完成了对运力、信息、货物的聚合与分发，建立起城配专车服务体系，大幅提高了城市物流的运输效率，降低了运输成本，创造出一种新型的城市物流模式——城市智慧物流生态圈。2018年8月1日，驹马对外宣布联合普洛斯、京东物流、威马汽车等战略合作伙伴开启“跨界造车”计划。同时，驹马已提前布局新能源厂站建设，计划在覆盖全国300万人以上的城市快速扩建“驹马驿站”新能源厂站，为接下来定制车辆提供货源调度、充电及维养等服务。

200万元、20辆货车——2011年，四川驹马企业管理有限公司创始人、CEO白如冰依靠这些家底，在成都创立了四川驹马运输有限公司。4年后，他把公司更名为四川驹马企业管理有限公司，深耕"互联网+城市配送车队"新型物流模式。

白如冰说，公司名称之所以没有放弃"驹马"二字，就是因为公司的发展目标仍是为解决城市配送服务的"最后50公里"的问题。

7年过去了，驹马公司创造出了一种新型的城市物流模式——城市智慧物流生态圈。

"2015年，当驹马拿到物流巨头普洛斯的首笔投资时，我曾经做过一个'造车梦'，这个梦想正在变为现实。"2018年8月1日，驹马对外宣布联合普洛斯、京东物流、威马汽车等战略合作方共同生产智慧卡车，这款卡车将通过智能终端实现物流地图、多点收派、远程实时诊断、危险智能提醒等一系列功能，从而匹配未来年轻化司机群体需求。

"曾经，我是一个生意人，赚钱对我来说比较重要，现在我是一名创业者，在得到了业界的认可后，驹马的创业路任重而道远。"素来低调的白如冰往往"善于"在取得成绩的时候给自己"泼冷水"。

从生意人到创业者

2011年，经营着成都一家卡车4S店的"80后"小伙白如冰的生活非常舒坦。

"拿着卖车的提成，喝喝茶看看报，甚至可以不到店里上班也不耽误干活，一个月下来挣的钱也不少。"原本可以在这个行业轻轻松松干到退休的白如冰某天突然"灵光闪现"：为何来买车的都是个人，从来没有大宗采购？

白如冰不愿意再闲着了，他用1个月的时间飞了全国七八个城市，发现这个现象是通病。大宗采购很难吗？"我们卖一台车挣几万元，你拉一单货挣四五百元，是不是傻？"疑惑中，白如冰拿出200万元积蓄，

驹马物流车队

买了 20 辆车，用自己的钱完成了第一笔“大宗采购”。

白如冰的第一个合同是和苏宁电器签订的在成都市锦江区的一条运输线。他将 20 辆卡车按每 10 辆一组，分为两组。在货源稳定的前提下，A 组车的运营模式是，招收 10 名驾驶员，由白如冰自己来管理车辆并为司机发工资。B 组车的运营模式是，将车租给 10 名驾驶员，租期为两年，两年后车辆为驾驶员所有，每单货运收益归驾驶员。

“一年试验期，我自己管理的那 10 辆车，每个月都在亏钱，司机偷货、偷油卖，车辆返修率高，各种问题层出不穷。我租出去的 10 辆车，出车率、配送率达到前所未有的高度，一年下来车子跟新的一样，我赚到了租金，而且每位司机净赚 14 万元。”白如冰说。

这次试验坚定了白如冰转行的信念。

2011 年，四川驹马运输有限公司成立，主要服务于传统物流行业。2013 年，白如冰的“车队”规模已拓展至 300 余辆。在他自己看来，此时的自己仍然是传统的“生意人”。2015 年 5 月，驹马物流获得了来自物流巨头普洛斯的第一笔投资。

至此，白如冰觉得自己能够称得上一名“创业者”了。

“实事求是地说，驹马成立运输公司的时候，存在很多不规范的操作。我更看重的是让车子跑起来，让司机挣到钱，怎样规范化运营一家公司，我根本没想过。”白如冰笑言。

假如不转型，驹马会怎么发展？事实上，早在 2014 年，驹马物流的营业收入就已经破亿元，白如冰如果继续踏实做个“生意人”，他可能比现在过得要轻松许多。但是，白如冰一直试图去掉身上“传统”的标签。

“一个传统的车商最怕什么？怕和别人聊天，怕被同行知道自己的进货价、销量、利润，在他们看来，这就是‘机密’。一个传统的生意人最难的是什么？是干掉自己，颠覆过去的商业模式。一个传统的创业者最怕什么？最怕自己的模式被人复制，他害怕别人比他干得更好。”白如冰说。

在白如冰看来，创业就是一个从传统走向现代、从封闭走向开放的过程。“今天的驹马欢迎同行来参观和交流，欢迎比我更厉害的人才来到企业，只有让大家知道你、了解你，才会有更多人愿意和你‘玩’。”白如冰不怕被同行超越吗？在他看来，起跑线上的时间优势足以让驹马物流永远“先人一步”。

从倒数第一到正数第一

白如冰的创业路上有两个“倒数第一”。

第一个：参加大小论坛、各类会议，他永远坐在倒数第一排。不善

驹马物流车队

与人交流的他没想到自己有一天需要站到讲台上为项目做路演，需要走到坐在第一排的投资人面前展示自己。

第二个：第一次参加创业大赛，就得了个倒数第一。

2014 年 9 月，白如冰受邀参加了在苏州举行的“东沙湖杯”千人计划创业大赛。当得知自己的商业模式是从上千个项目中选出的 20 个参赛项目之一时，白如冰信心满满。

比赛的结果是：倒数第一。

“你知道我的对手都讲什么吗？纳米医学、虹膜生物识别……几乎每一位参赛者都可以全英文完成路演。当我站在台上时，脑中一片空白。”白如冰笑着说，全程路演他早就忘了自己讲了些什么，倒数第一在情理之中。

尽管当时白如冰的驹马物流已是西南地区规模最大的城配物流公司，但“走出去”以后，白如冰看到了自己和“创客”们的差距。“我不能再当井底之蛙了。”

比赛结束后第二天，白如冰买了最早的机票回到了成都。

修改商业模式、深入北上广调研、和更多更有趣的同行一起“玩”，甚至锻炼自己的口头表达能力，白如冰在接下来的几个月一刻也没有闲着。

2014年11月28日，白如冰作为8位参赛者之一，参加了“2014运联峰会·最后一公里模式创新PK大赛”。

“台下坐着包括普洛斯、亚马逊、京东在内的100位物流行业最专业的投资人，每人限投1次票。我一个人得了68票，这是一次颠覆性的胜利啊！”从下午5点比赛结束到深夜12点，不停有人给白如冰打电话，他一共见了8位投资人。白如冰承认，当下有些膨胀了。

这次，白如冰还是选择在比赛完的第二天一早回到成都，而且他没有接受任何一家资本伸出的橄榄枝。

回来后，他给自己布置了两项任务：第一，弄清楚什么是资本；第二，弄清楚什么是互联网。

通过朋友引荐，白如冰这位喜欢坐在“最后一排”的创业者要走到资本大咖的面前，去和他们交流。

“我跟大城市的朋友联系，只要有机会和投资大拿吃饭就一定要带上我。我会买早上的机票赶过去，就是为了吃一顿饭，哪怕连一句话都没能搭上，但是几次下来就有人知道这个年轻人。”白如冰说。

天道酬勤。两个月下来，白如冰开始有了“拥抱资本”的念头。“用好资本就是用好一把利剑，可以让你快速实现自己的想法，可以帮你提升思路和开阔视野，让一家公司高效运转。”白如冰说。

长期以来，白如冰最仰慕的是亚洲最大的物流基础供应商和服务商普洛斯。通过朋友引荐和普洛斯负责人吃过几次饭以后，白如冰自掏腰包跟随普洛斯去了一趟日本。在看项目的过程中，白如冰终于和这位负责人搭上了话。不仅如此，他还把他们的团队请到了都江堰的青城山。

“我当时也没啥想法，就是想请他们来喝喝茶。”嘴上说是只想和别人喝喝茶，白如冰当然不会放弃拼命“推销”自己的机会。

2015 年 5 月，驹马物流完成 A 轮融资，投资方正是普洛斯。2018 年 2 月，驹马再度获得以远洋集团领投的数十亿人民币的 B+ 轮投资。

尤为难得的是，尽管已经完成了多轮融资，但白如冰还是保持了创业时的“独行侠”姿态。“我们一共拥有 10 位股东，没有一位提出要参与公司的决策，保持了绝对的独立性。为什么有的创业企业，投资人会提出加入决策层？其实反映出对创业者个性、对公司前景的一种担忧。”白如冰说。

从 10 辆车到 5000 辆车

驹马物流设计了一套标准的“互联网城配生态圈”，根据配送目的地科学规划配送路线，驾驶员只负责开车，客户可实时监控货运状况。

A 轮融资完成后，白如冰还是在“最后 50 公里”上辛勤耕耘，不过这一次，他把棋子布到了全国各地。

2015 年 12 月，蓬勃发展的驹马物流分公司遍布深圳、重庆、长沙、武汉等十余个大中城市，2016 年，驹马物流实现了全国省会城市全覆盖，拥有的车队规模超过 5000 辆，合作伙伴包括顺丰、京东、沃尔玛等多家大型企业，现在驹马已经在 61 个城市相继建立了 137 个分公司、子公司。

货运企业挣货运差价，在当今被认为天经地义，甚至在外行看来，这就是企业盈利的“大头”，但是白如冰不这样看。

驹马物流依然沿用了最初的商业模式：大宗采购货车，租给货车司机，从平板车到重型货车，每辆车每月的租金收入是 2400 元至 3000 元不等，租金收入成为公司的利润点之一。

驹马物流车队参与扶贫助残捐赠物资运输

曾经取笑白如冰靠拉货挣钱的4S店车商如今已经没有了话语权，大宗采购让白如冰可以直接从货车生产商那里下订单，几百上千辆车的订单让驹马物流拥有了更高的议价能力。

驹马物流70%的驾驶员是"90后"。"很早就有人质疑，以后开货车的人会不会越来越少。当然不是，我们吸收的这些年轻的驾驶员反而更有活力、学习能力更强、更好管理。"白如冰说。

最让白如冰骄傲的是，驹马物流2016年年初用两个月时间搭建起来的100人互联网团队。这100名员工为驹马物流设计了一套标准的"互联网城配生态圈"。

"每一辆货车的方向盘右侧都搭载了功能强大的显示屏，司机通过它实时接单，车辆需要维修时，20分钟之内修车人员就赶来。加油、吃饭，任何需要用钱的地方，动手点一点，通过'打白条'的形式，钱马上到

驹马物流城配专车在仓库载货

你的卡里。”白如冰介绍。

如何控制成本？白如冰介绍，在选择客户时，驹马物流不会选择运量波动太大的公司，但是对可预测的淡旺季用车波动实行科学调度。“‘双11’‘6·18’这类购物节车辆需求量大，我们会提前安排车辆，尽量在波峰时段满足客户的需求。”白如冰介绍，驹马物流所搭载的车载导航会在驾驶员当天接单完成后，根据配送目的地科学规划配送路线，让货物高效送达。

“驾驶员只负责开车，客户可以通过电脑实时监控货到了哪里、是否安全送达，这样一种良性的物流生态建立在优质的服务之上，司机‘趴着’等生意、客户担心丢货的状况再也不会出现了。”白如冰说。

“从企业的基因来看，驹马是一个既懂互联网，又懂物流，还懂卡车的企业。从业务覆盖面来看，驹马聚焦同城配送，但业务条线又全面丰富。从解决行业痛点来看，传统的城市配送行业‘零、散、乱’，而驹马做的事情，就是将零散的货源和司机集中起来，用互联网技术去打通产业链条，最后形成规模效应。从股东背景来看，驹马的股东背景堪称完美，有物流巨头普洛斯背书，驹马的发展潜力毋庸置疑。”远洋资本股权投资高级总监王瑞从四个方面对驹马物流进行了点评。

尽管已经获得多轮融资，但白如冰说，自己不会盲目扩张。“无论何时，我都只专注于城市配送服务，冲刺，只在‘最后50公里’！”

创业者说

创业者要积极拥抱新技术变革

四川驹马企业管理有限公司创始人、CEO　白如冰

与其在一个没有活力的传统行业里偏安一隅，不如跳出固有思维大胆创新。敢于创新不仅是要颠覆过去的自己，还要用更包容的心态去接受来自竞争者的挑战。

多年创业，我感觉好的商业模式需要在实践中不断摸索和优化。例如，为了验证哪种商业模式更高效，在创业初期我将公司的所有车辆分为两组，第一组完全由公司管理，给驾驶员发工资；第二组将车租给驾驶员收租金，收益全部归驾驶员。一年以后，我自己管理的车辆，每个月都在亏钱。而租出去的车，出车率和配送率都很高，我赚到了租金，司机也赚到了钱，这也是后来驹马以带货租车方式切入城市配送市场的原因。

对于创业公司而言，人才永远是第一位的。要保证一个公司的快速发展，人才梯队的搭建尤为重要，对内要发现和培育高潜质的员工，对外不断吸纳优秀人才加入，保持组织的活力和创造力。此外，投资是创业公司发展过程中避不开的核心问题。在寻找投资的过程中，创业者要深入了解市场、准确定位需求、构建清晰的商业模式。

不管从事什么行业，创业者面临的最大难题就是转变思想，创客们应该多走出去学习新思想和新技术。例如，在2014年，为了使公司能够更快发展，我和我的团队一同来到城市配送相对比较发达的上海“取经”3个月，与物流业同行、资本市场从业者做了很多接触和交流，特别是“互联网＋同城货运”的理念让我们茅塞顿开，回来后我们立刻着手运用互联网思维推动业务的互联网化。

这个时代发展非常快，创业者要积极拥抱新技术变革。当前，

大家都在谈论人工智能和无人驾驶，尽管短时间内难以普及，但我认为从新能源到无人驾驶、再到整个车辆的数字化，时间不会太久。因此，我们也在不断进行探索尝试，努力为物流新技术提供一种新的应用场景，把车辆和物流场景用新科技、新技术连接起来。

当前，国家一直在推动新能源汽车产业的发展，我认为这是一个非常有前景的创业方向。驹马已与国际物流仓储知名企业普洛斯共同出资18亿元成立了合资公司，进军新能源汽车产业。我们的目标就是要打造中国最大的新能源城配卡车运营体系。目前，我们的第一批新能源汽车已经开始投放使用了。

驹马企业管理有限公司创始人CEO　白如冰

大篷车/家修行业的“拓荒者”

经济日报·中国经济网记者　常理

企业小传

在一个很多人觉得不够高大上、但又家家户户离不开的房屋维修行业，大篷车公司[全称“大篷车（北京）工程管理服务有限公司”]在中国率先提出“房屋维修标准化”理念，专注于房屋建筑后期维护行业研发和服务实施。

从2010年成立，创始人刘景鹏带领他的几十人的小团队，扎根深挖房屋后期维修的行业研究、标准制定、孵化培训、上门服务、运营管理，从家庭小修小补，逐步涉入中大型工程维修。现在，已经完成了灵活机动的“家修大篷车”运营服务体系、“家修驿站”社区服务站样板、“家修学堂”培训和孵化系统的初步建立。

在大街上川流不息的邮政、搬家、美食快递等服务车流中，喷涂着红色“大篷车”标志的箱式货车格外引人注目。这些车虽然与吉普赛人四处流浪乘坐的大篷车同名，但车上身穿印有“大篷车”标志的人们心情却不轻松，他们都是接到“房子漏水、水管断裂、电路故障、下水道返臭、墙漆发霉、瓷砖脱落”等诸如此类的求援电话后，紧急赶赴居民家的“家修大篷车”服务人员。

创办“家修大篷车”的刘景鹏，曾在房地产行业做得风生水起。但是，这位毕业于河北工程大学工民建专业，并曾在清华大学房地产总裁班进修获得过优异成绩的70后，为何选择了家修这样一个门槛很低、利润很薄，貌似谁都能干的行业呢？这故事要从10多年前说起。

家修驿站

拓荒

一张普通得不能再普通的办公桌、一个茶几、一张仅能容下几个人坐的圆形会客桌，几个书架，除此之外就是大量的关于建筑维修、家装维修的书籍，这就是刘景鹏的办公室，也被他称为自己的“家修研究院”。

刘景鹏常说，他是家修行业的“拓荒者”。“什么叫拓荒者？就是做没人做过的事情，开辟别人没有开辟过的领域。”他给家庭房屋维修定义了这样的行业专属名词——“家修”，包含房屋使用期出现的装修破损、水电故障、渗漏水等日常零零散散的大小维修和旧房子的翻新改造服务。

其实，我国家修行业并不是没有人做，而且做得人很多。但是，从业者基本是以个体户游击队的形式存在的。“你不想找的时候经常能看见，家里有突发性问题着急解决的时候，就发现不好找了，而且，能不能真正解决问题谁也不能保证。”刘景鹏笑着说，客户需求离散、队伍松散无序、缺少行业标准是这个行业的最大特点。

刘景鹏说，在他做建筑施工的阶段，经常有朋友找他帮忙，都是一些零七八碎的小维修，刷墙、装灯、换水龙头、修马桶、修漏水、修门窗，这些在行内人看来很简单的事情，让普通人碰上，还真很麻烦，除了要求技术要专业，还需要各种各样的工具和材料，简单小事做起来并不简单。他觉得，这个市场需求应该很多，也会很有社会意义，以后要专门成立一家公司，专注做房屋维修业务。

2006至2010年，他和朋友共同做房地产开发，项目做得很成功，小区也很漂亮。但一个问题的出现，让他重新审视了这个行业。小区配建的地下车库，出现了严重漏水，以至于无法正常使用，虽经承包商几次维修，都没能解决问题，虽然他巨额赔偿了业主损失，但业主仍怨声载道、叫苦连天，好好的房子不能正常使用，这件事情深深触动了他要快速启动埋藏在心中的那个梦想。

自此，他下定决心，要把余生的精力，全部投入到房屋维修这件事情上。

2010 年，他处理掉手上的其他事务，开始了这个崭新而又艰苦的行业“拓荒”之路。“叫‘家修大篷车’是因为我们用流动服务车的方式，车载常用维修工具物料、全能工作班组，哪家有房屋维修问题，大篷车就赶往哪家解决问题。”

早些年在房屋建筑行业丰富实践，经历了建筑施工、装修施工、建材贸易、工程监理、地产开发、物业管理的刘景鹏，从专业和管理上，具备了很好的基础，前期也做了充分的准备工作。但是当真正走入家修行业后，刘景鹏才发现困难远远比预计的要多得多，而其中最核心的问题是各种标准的缺失。比如没有统一的行业标准，修成什么样子算合格？后期出现问题谁来维护？又比如，家修用材料没有统一标准，遇到问题用何种产品解决最稳妥？哪种材料对人体没有伤害？再比如，服务没有统一标准，怎么收费？怎样让客户满意高兴？

在这样一个鱼龙混杂的行业背景下，大篷车该何去何从？市场就在那明摆着，尤其赶上房地产业在中国快速发展，这种惊人的“快”与行业基础的差形成的矛盾，最后累积呈现的就是房屋的质量问题，未来需要维修的工程量一定很大。刘景鹏在看到广阔行业前景的同时，还是决定从小处着眼做标准，明确了发展思路：从家庭房屋维修入手，自己摸索制定行业标准，成熟后逐步转向整个建筑行业维修！

从 2010 年到 2012 年间，刘景鹏没有迅速开展业务先赚钱，而是潜下心来，梳理研发家修行业的各种标准。他把家修行业所有可能涉及的项目和问题列出来，细化到瓷砖空鼓、地板变形、墙皮起粉、墙纸开胶、门窗变形、水电故障、洁具更换、防水补漏等大小 1000 余个问题，归纳整理为“房屋维修和翻新改造”两大类，房屋维修分为“装饰维修、水暖维修、电气维修、家具维修、门窗维修、防水维修”六个模块，根据常见这些维修和改造问题，一共开发出 1000 多个标准化工艺方案和收费定额。“只有老百姓遇不到的，没有我们想不到的。”

这套标准，并非闭门造车凭空编纂。从开始考虑每种问题怎么解决，用什么方法什么材料，怎样收费，然后在实验室进行演练，再到逐个实际项目找案例实践。那段时间，刘景鹏和班组一起，开着大篷车走街串巷，为老百姓免费解决家修问题，同时也完善着自己的标准和工艺。

经过1年多的服务实验和多轮修改工艺及服务标准，免费做了上百家的维修服务之后，刘景鹏觉得时机已经成熟，“大篷车”可以正式运营了，正式编制公司内部服务标准，在2012年6月17日，家修大篷车正式在北京地区投入运营。这几年过来，大篷车已经实现上门服务7万余单，为京城数万居民解决了房屋维修难题。

大篷车家修团队服务中

专注

在刘景鹏的办公室，挂着一张大幅的思维导图，略微泛黄的纸角无意间透露出这张图纸的“年龄”。

刘景鹏说，这是2010年大篷车启动之前，他把自己憋在办公室里一个月时间构思出来的。这张图完整地规划出大篷车的整个项目的定义、运营模式、实现步骤、建设内容、风险控制等各个细节。“当时画完这张图，我自己也吓了一跳。过去的碎片化思考，在形成系统框架后，居然有这么多的困难需要去攻克。”

比如员工的专业素质问题。由于家修行业之前没有前人成熟的模式，没有成熟的人力资源，就连接热线电话的客服人员也只能招到非本行专业、没有干过家修行业的新人。因此，当客户在表述家里的问题时，客服根本无法完整准确地与其沟通，造成了很多误解。

“开业初电话咨询的客户转化率还不到20%，也就是说大部分人在咨询以后，都表示对我们公司的能力存在质疑。”刘景鹏回忆。

给客户留下不专业的印象是他无法接受的，怎么办？召集全员统一培训！刘景鹏利用每天晚上的时间，给全体员工开夜课，每天讲3个小时。他改建出一个1000多平方米的“家修学堂”，里面有房屋维修所涉及的所有场景和实践模块。从建筑的常识名词、常规做法，到怎么铺瓷砖、怎么铺地板、怎么做防水，他逐一地给员工们讲解，分析故障问题的成因，手把手教给他们解决方案和操作工艺。

功夫不负有心人，经过一个月的全员专业培训，大篷车团队的整体专业水平发生了质变。报修热线电话的成交转化率超过了40%，提高了一倍多，而且客户满意度与日俱增。至今，客户满意度一直保持95%以上。

然而在很多同行看来，刘景鹏的这种做法是无法理解的。很多人说他傻，非要把简单的事情复杂化。

“不赚钱，企业靠什么生存？”“一家小企业，做什么行业标准？”……面对这种种的质疑，刘景鹏总是一笑置之，因为他内心知道自己想要的是什么。

其实，刘景鹏的这股执着劲儿跟他早些年的工作经历不无关系。1995年到1999年期间，他作为工程监理方负责北京海洋馆项目的施工。当时的北京海洋馆是全亚洲最大的内陆海洋馆，很多施工工艺都是世界上最先进的，国外有几十家企业参与建设。比如，30多米长的弧面玻璃海底视窗，上万平方米的铝锰镁合金板材屋面、钢结构网架的薄层防火工艺、水池的环保防水系统等。再比如，什么样的房间用什么样的门，用什么样的门锁，都是有一整套标准和规范，而这些对当时建筑施工人员来讲，都是新鲜而有距离的。

这几年的工作让刘景鹏大开了眼界，见识到了国外建筑施工和材料企业的专注和专业，也使得他下定决心必须在房屋建筑技术领域、专业材料配件方面与国外优秀企业看齐和合作，这为他后来深耕房屋维护家修行业打下了很好的基础。这么多年来，他不断与德国、美国同行交流学习，结合本国建筑现状，不断钻研，用专业知识充实着自己。

深耕

2012年，北京“7·21”大雨后，家住顺义区大湖山庄的赵女士摊上“大事儿了”：家中地下室漏水严重，用了两台水泵才勉强把水抽干，但同时还不断有水继续渗透进来。

在朋友的推荐下，赵女士拨打了大篷车的客服电话请求帮助。很快，刘景鹏亲自开着大篷车带着两名工人火速赶到赵女士住地，尽管心里有所准备，但是现场的一切还是让刘景鹏大吃一惊，全屋弥漫着浓重的霉味，地下室所有墙面全部浸泡起粉发霉，地面一直有水不断渗出……

据赵女士事后回忆，她家地下室漏水现象已经有4年多，从入住时返潮到后来的水流不止，地下室墙面地面有几个地方一直渗水。“之前找过很多家维修公司看过，都认为是地面的反水，问题不但没有解决，

刘景鹏和德国专家一起现场处理问题

反而越来越严重。”

庆幸的是，赵女士这回找对人了。在经过周密勘察分析，刘景鹏告诉她，水不仅来自地板以下，而且是由于地下室外部防水层施工方法和方案错误，导致防水层已经完全失效，从而造成房屋的全面渗漏。

找到根源，还要有合适方案，刘景鹏打了包票：“我修之后，保你10年不漏不潮，若出现问题，工程款和损失全承担！”赵女士在半信半疑中，委托了这单服务。经过大篷车团队的认真处理，在综合应用了七八种国内外先进的处理工艺和材料之后，这项复杂的工程终于完美交付了。

时隔多年，赵女士还对此事记忆犹新：“多亏了大篷车，帮我家解决了最为头疼的问题，家里再也没有出现漏水和返潮现象了。”

刘景鹏说，当年之所以敢打包票，不仅源于自身严苛的工作风格，更源于对家修行业技术和工艺的专注探索与深耕。

在刘景鹏的办公室里，书架上装满了来自欧美发达国家关于房屋装修、建筑维修、建筑材料的各种各样的书籍资料。他说，每次出国，最喜欢的事情就是收集各种房屋维护相关的产品和工艺资料塞满行李箱，带回国内研究。

刘景鹏随手拿起一本西班牙文的书籍跟记者说，这个西班牙企业有近百年历史了，100 来年他们只做一件事情，就是研究房屋隔声降噪。说着他翻开书：“我虽然不懂西班牙文，英文也不好，但是结合多年专业领域知识，这些书籍都能看懂，对材料性能指标和工艺了解了，就可以应用到我们自己的项目中。比如这是专门用于石膏板墙隔声的，这是用在地面消音的，这是用在顶棚消音的。”

随后，他随便抽出了一些德国、意大利、澳大利亚等国家产品的目录，每一本都会让他兴奋，讲个滔滔不绝。“基本世界上先进的房屋维修护理材料我这里全有。”对着德国的一家专门做螺栓的资料，刘景鹏说，“我为什么说国内家修行业跟国外差距大，就是因为这些小细节。人家可以把一个膨胀螺栓都做到极致，不同材质的墙面所用的螺栓都是不一样的。而我们很多国内厂家，太过浮躁，总想着什么赚钱就上什么项目，不赚钱立刻转行，最终哪个也没做好。”

如今，大篷车已经与欧美 30 多个品牌厂家建立了长期合作关系，引进了大量先进的物料和专业工艺。同时，刘景鹏还成立了自己的“专家智库”，聘请了国内外众多知名的建筑、家装、材料专家 30 余位担任大篷车的顾问，这些人都是在某个细分领域从业多年，如门、窗、五金、防水、清洁、油漆等材料专家，以及建筑设计、建筑结构、装修施工、工程加固、照明、声学、钢结构等设计施工企业的技术专家，几乎涵盖了房屋维修行业中的所有领域。

“有了这么多权威专家作为大篷车的‘智囊’，无论遇上怎样的难题，都能够进行专题研发、开发出行之有效的解决方案。”刘景鹏说。

刘景鹏在进行员工培训

坚守

2013 年、2014 年，大篷车运营步入了正轨，刘景鹏和他的团队忙得不可开交。然而就在此时，一个意料之外的危机已经悄然走来。

2014 年，正值国家大力推进“双创[1]”工作，数以百万计的创业大军涌至各行各业。同时，大数据、互联网、智能手机风起云涌，变革一触即发。处在传统行业中的刘景鹏，意识到了行业的危机，他开始了解互联网、O2O 平台、手机 APP 等。

但时间是不等人的，行业的发展是瞬息万变的。

短短几个月间，本来不起眼的家修行业突然热闹了起来。58 到家、叮咚社区、万能小哥、蚁匠家修、e 修鸽、多彩换新、神工 007 等 O2O

1　国务院总理李克强 2014 年 9 月在夏季达沃斯论坛上公开发出“大众创业、万众创新”的号召，“双创”一词由此开始走红。几个月后，“双创”被写入了 2015 年政府工作报告。在 2015 年 6 月 4 日的国务院常务会议后，“双创”再度吸引了人们的注意，该次会议决定鼓励地方设立创业基金，对众创空间等办公用房、网络等给予优惠；对小微企业、孵化机构等给予税收支持；创新投贷联动、股权众筹等融资方式；取消妨碍人才自由流动、自由组合的户籍、学历等限制，为创业创新创造条件；大力发展营销、财务等第三方服务，加强知识产权保护，打造信息、技术等共享平台。

平台模式的公司，在资本的助力下如雨后春笋般成长起来，有的融资几千万，有的融资几个亿，这样的阵势让刘景鹏感到了前所未有的压力。据他估算，那时兴起的各类家修平台少说也有数千个。

“当时很多资本都看不上大篷车，觉得我们模式太传统、人力资产太重，这样的模式很难快速做大，做不到迟早要被淘汰。”回想起当年的种种景象，刘景鹏不无感叹，曾经有个以互联网平台方式做维修服务的创始人约了第二天跟他谈合作，结果没有来，一问才知道那人头天晚上拉了 1000 万美金的投资，就不把刘景鹏放在眼里了。

那段时间，刘景鹏也茫然过，但是一个信念在他的心里从来未曾改变，那就是坚守——坚守住大篷车坚持做家修不动摇、坚守住打造自己的专业队伍、坚守住“专业能力”是家修行业护城河和竞争力的认知。

刘景鹏既没有被周围的环境所干扰，盲目地去资本圈寻求合作，也没有放弃对新事物的追求。他拜访交流了很多互联网专家，参加了很多“互联网 +”论坛和研修班，抽出少量投资和精力去尝试“互联网 +”，同时跟今日头条、58 到家、阿姨帮、天猫等电商平台合作，学习实践线上流量运营。

在不断地吸收新知识、新思维改造自身的同时，刘景鹏坚持脚踏实地做好自己公司的核心业务——用专业解决能力给用户提供最满意的服务。因为他知道，家修行业跟其他行业不一样，行业基础太差。O2O 平台一头链接用户一头链接工人，后者是个非常松散没有形成组织和标准的群体，而前者最主要的目的是解决房屋出现的头疼问题但自己并不知道用什么方案。O2O 平台的烧钱模式短期内看似给消费者带来了一些福利，比如一块钱洗油烟机、免费换灯泡等，但是这些是不可持续的，钱烧完了怎么办？更重要的是，这些简单的问题不是家修行业的痛点，也难盈利，复杂问题又解决不了！客户的获取，最终还是得看维修的质量保障和用户口碑传播。

“只有着眼于孵化合格的服务人员、整合基础物料供应、深挖专业技术、优化解决方案和工艺标准、提升服务意识这些基础工作，才是解决之道。”刘景鹏说。

到了 2014 年年底，资本热潮退去后，行业内的互联网家修企业也没剩几个了。“乱象之后，行业也将更加规范，这也是我想看到的。”刘景鹏说。

如今，这位家修行业的“拓荒者”已经成为行业的“鼻祖”，在家修行业的商业模式和服务方式上，大篷车摸索出自己的一套经营门道和做法，沉淀出了一支优秀的团队。除了“家修大篷车”，公司的另外一个产品“家修驿站”，已经经历了两年多打磨实践，并开始在京城社区

大篷车举办技能比武大赛

周边逐步建设。同时，他开始组织力量，向房屋维修行业的疑难杂症攻坚，如：建筑和工程漏水问题、工程结构加固改造问题。

2018 年伊始，刘景鹏给自己和团队制定了新的任务：总结归纳房屋漏水中的各种问题，形成系统、成套的解决方案。

“这应该是家修行业中最大的课题，因为每一间房屋每一栋房子的结构都不一样，漏水的原因也是千奇百怪，有的是因为年久失修防水层

老化，有的是因为楼房在建筑过程中施工方偷工减料，有的是因为房屋翻新，结构设计上出现漏洞……这种种问题汇总起来就形成了让老百姓最为头痛而且又不得不解决的漏水问题。”

刘景鹏说：“我们今年在北京市内正在进行和完成修缮了百余个典型的漏水工程，有屋顶渗漏、外墙渗漏、门窗口渗漏、地下室渗漏，小到一个阳台、大到数万平方米的地下停车场，针对每一个项目每一个渗漏问题，我们详细踏勘、分析漏水成因、结合不同作业条件和场地环境制定不同解决方案。通过详细的维修方案书、现场技术交底书指导班组作业，形成一套套标准化的漏水维修方案。我把这些项目当作课题来做，所以，凡是和漏水有关的报修工单，我都要亲自到现场，有的项目要去十来次，从踏勘现场、做方案、拆解检验、现场实施，都要参与。今年累计有 40 多天，都是工作在五六十度的楼顶。虽然很累很辛苦，但这些积累太重要了，这些实践得来的经验，都已成为大篷车的珍贵的‘技术秘籍’。”

如今，有很多业内企业家上门找到刘景鹏，请他分享大篷车发展的经验，而他也都是十分谦虚：“这个行业确实不好做，没有前车之鉴，所以我也是在不断摸索，摸着石头过河。但是我坚信，一定要脚踏实地，抓住行业的本质——用专业解决能力为顾客解决好实际问题、提升服务标准。”

自信满满的刘景鹏常说：虽然我们这些年经历了很多困难，但我很清楚，一个新行业的起步，总需要我们这样的坚持者，希望我们的尝试和摸索，能够真正带动行业健康向上发展，无论家庭维修还是大型工程维修，无论是技工基础还是专业资源，需要解决的困难还很多，我们和国外同行的差距还很大，这些年我们做积累、做种子团队培养，待到羽翼渐丰，我们会把这些宝贵的经验和资源，开放给社会，培养和引领更多的人投入这个行业，让更多维修大篷车驰骋得更加稳健、更加专业、更加长久！

创业者说

撇却虚华　匠心创业

大篷车工程管理有限公司创始人　刘景鹏

自1999年，想来经商创业已经近20年。但真正深有感触的，当属第三次创业：2010年，我毅然选择了“房屋及建筑工程后期维修”这条路！

8年来，虽经历坎坷，但为京城数万用户解决了恼人的大大小小房屋维修难题，也收获了价值被认可、团队被肯定的自豪。

资本热捧下，“趋热追风”的创业圈常讲各类概念名词，什么“商业模式”“互联网思维”“O2O”“B2B”……似乎套不上这些高大上的新词，就很低端。而作为房屋建设这个传统行业的从业者，我看到和体验到的，更多是这个行业基础的薄弱，无产业化工人、行业无标准、材料和工艺落后……

基于多年的从业经历，理性分析了行业特点，我选择了一个饱受资本鄙视抨击的“烂”商业模式——打造 支专业特长的维修服务队、建立一套标准化维修方案。

在这条前无参考的路上，带领小团队，从行业基础开始摸索尝试、研发实践。国内20余年速度惊人的房地产建设，带来的“隐疾”也逐步广泛爆发，各种各样的质量问题频现：建筑结构安全问题、房屋普遍漏水问题、建筑外墙脱落问题、装修耐久问题、水电故障问题……在数万的维修案例中，我们沉心去钻研分析，与欧美发达企业联手，引进先进物料及工艺用于本土实践，转化为适合国情的标准化工艺和解决方案，踏实走好积沙成塔的每一小步。所幸的是，我们的行事方式，受到了国外同行的高度肯定，德国、美国近30余家行业领袖公司，在深度合作中给予了我们强大的技术助力。

身体力行是匠人之本。这也是多年对自己的严格要求。亲身现场做踏勘、分析问题做方案、跟踪执行做实践、学习研发做优化，这些具体的事情，占据了主要的工作时间。现场即战场，实践检验下，我们成功地开发1000余项标准化解决方案并被团队掌握自如、熟练应用于各类大小维修案例中。

8年来无怨无悔的“匠人”之路，我希望能起到示范和倡导的作用，让我们的创业者更多地回归事物本色，“酒”不香，迟早是要被用户抛弃的。我国不少行业的基础都很薄弱，让我们把有限的精力、知识和资金，更多地应用到各个行业的基础建设中，根基强则竞争力强、则国强！建设根基是靠长时间的专心投入，虚张热炒式的发展，只能是昙花一现！

大篷车工程管理有限公司创始人　刘景鹏

美柚

深度挖掘“她经济”

经济日报 · 中国经济网记者　薛志伟

企业小传

厦门美柚信息科技有限公司成立于2013年，专注于为女性提供健康管理、孕育科普、社区交流和垂直电商等线上服务，是国内最大的纯女性互联网平台。

秉承“让女人更美更健康”的理念，美柚以经期管理为入口切入女性市场，之后一直不断拓展服务边界，目前已成功打造“工具＋社区＋电商服务＋数字营销”的产业闭环，形成“美柚”“柚宝宝”“柚子街”和“返还购”四大APP产品矩阵，全方位服务于女性经期、备孕、孕期和辣妈整个周期。

酸酸甜甜的柚子是众多女性的最爱，在厦门美柚信息科技有限公司专为女性打造的“她的国”里，自称为“柚子”的女性用户徜徉其中，畅谈私密话题、交流健康心得、采购美衣美妆……

注册用户超 1.5 亿、日活跃用户超 700 万，在海量忠实用户的拥护和支持下，美柚用户市场布局从女性经期逐渐扩张到备孕、孕期及辣妈阶段，覆盖了女性完整的生理周期，垄断了经期健康行业用户接近 95% 的使用时间。成立仅 4 年的美柚，已跻身全国互联网百强，成功打造了“工具 + 社区 + 电商服务 + 数字营销”的产业闭环，在女性垂直细分领域取得行业领先地位。

这个“她的国”的缔造者并不是女性，而是一位 1986 年出生、至今单身的男性——陈方毅。

一个懂女人的男人

美柚诞生前的一段时间里，陈方毅一有空就拉上熟悉的女性朋友吃饭。吃着吃着，他就开始兴致勃勃地和对方聊生理周期方面的话题。

结果没过几天，陈方毅发现没有人愿意和他吃饭了，很多女性朋友看到他就躲开，甚至有人骂他“流氓”。但陈方毅并不甘心，他发动自己团队里其他成员不管男女都去找女生聊天，从生理问题到心理喜好等。

2013 年年初，结束了一个多月的“聊天”，陈方毅带着 10 个人的团队在厦门一家酒店“闭关”10 天。“出关”后的 4 月初，美柚 APP1.0 版上线了。

美柚是一款专注为女性解决经期烦恼的健康管理应用软件。在这里，女性可以精准记录或预测生理期，可以和闺密畅聊话题，还能切换经期、备孕、怀孕和辣妈四大模式。美柚则通过智能计算为女性提供经期预警和提醒，为新时代女性提供了一种全新的健康生活管理方式。

很快，这款 APP 就席卷各大应用商店排行榜，清新可爱的界面、简单方便的操作、准确的计算能力，使其在用户口口相传中迅速积累口

女性助手美柚 APP

碑，成为广大女性钟爱的一款爆款产品。

作为一个 1986 年出生的男青年，要做到懂女人、懂女人的私密问题，甚至比女人更懂女人，一个多月的“聊天”是远远不够的。实际上，陈方毅对女性经济的深刻理解，来源于他对市场敏锐的洞察力，更来源于日积月累的丰富实践。

陈方毅上大学时就善于从身边的事情中去寻找灵感，发现商机。他发现身边的女生喜欢把自己的照片放在网上，分享自己的美，男生也经常在宿舍讨论哪个女生更好看。他由此萌生出一个灵感，那就是搭建一个平台，把女生的照片放上去，吸引爱美的女生或者男生。于是，在大二那年，他创建的第一个网站 Face PK 诞生了。

最初只是出于兴趣，当女生照片累积到一定数量之后，陈方毅渐渐从中发现了一线商机。于是，一个专门为演艺公司挑选模特的平台和社区——星探网应运而生。随着用户的增加和人气的积累，星探网开始进入广告公司视野，逐渐有了广告收入。

在星探网的运营过程中，陈方毅对女性的了解逐步深入，他意识到，女人是天生的消费者，并且大多女生买东西喜欢讨价还价。于是在大三那年，他的第三个创业成果——返还网上线了。这是一个电商导购平台，把所获佣金的一部分返还给消费者。

从 Face PK 到星探网，再到返还网，3 次成功的创业经历都围绕女性展开，这也让陈方毅对女性消费的了解日益深入，凭着敏锐的嗅觉，他深知女性经济潜力无限。这也让他意识到，必须要有一个对女性而言是满足刚需的产品，才能更好地打开女性经济这片广阔的天地。

那么问题来了：什么是女性的刚需呢？直到有一天，有一位同事面带羞涩地告诉陈方毅，每天都有的需求是没有，但每月都有的需求倒是有一个，而且是每个女生都关心的，就是生理期。

同事的话久久萦绕在陈方毅的头脑中，接下来就出现了四处找女性聊天的那一幕。最终，他做出了“一个自己一辈子都不会用的东西”。

一家懂女人的公司

以做“最懂女人的互联网公司”为愿景的美柚，凭借在移动互联网和女性经济这两个风口上占得的先机，做得风生水起，一时间无人能出其右。

美柚的基础产品是女性经期记录。“我冥冥中有个感觉，只要女生每天都来或者每月都来访问，女生由此聚集在一起的地方，必然是有价值的。”陈方毅说。

接下来，如何增加用户黏性，是美柚上线不久后就马不停蹄需要思考的问题。

在美柚 APP1.0 版推出不到半年，“她她圈”社区上线了。“她她圈”是一个女性专属社交社区，在这里，大到人生选择、婆媳关系，小到美

美柚 APP 帮助女性准确预测经期

妆经验分享、购物心得，“柚子”们都聊得不亦热乎，俨然成为一个“她的国”。

“她她圈”的推出使美柚实现了从经期记录工具向女性社区的转变，成为美柚成长的一个关键节点。

美柚成长的第二个关键节点是 2014 年 11 月第二款 APP“柚宝宝”上线。“柚宝宝”拥有孕期和育儿两种模式，涵盖宝宝发育、妈妈的变化、每日专业知识、能不能吃等孕期必备工具，以及宝妈交流圈子、专家精品内容、宝宝成长变化、宝宝成长记录、儿歌故事等功能模块。孕期的“柚子”们可以随时掌握自己和宝宝的身体变化和健康情况，可以学习到丰富的孕育知识，还可以及时收到来自“柚宝宝”的 B 超、产检等方面的提醒。“柚宝宝”的上线使得美柚的服务领域从经期延伸至备孕、怀孕、育儿阶段，成为女性生活的智能助手，这也使得美柚越来越懂女人，越来越受到女性青睐。

陈方毅说：“美柚的愿景是要成为世界上最懂女人的公司，所以我们就有两个目标，一个是成为最懂女人的公司，一个是成为比女人更懂女人的公司。”

事实证明他做到了，2015 年 7 月，美柚成为同行业首家用户数突破 1 亿的公司。

一位连续创业者

“创意——融资——烧钱”，这俨然已经成为互联网创业的三部曲，传统企业最看重的盈利却似乎被忽略了。

而在陈方毅的创业过程中，除最初的 Face PK 纯属兴趣之外，后来的星探网、返还网都实现了盈利。2016 年第二季度，运营 3 年的美柚也实现了千万元级规模盈利，并在当年实现全年盈利，成为互联网创业浪潮中少数具备自我造血能力的企业之一。

推出“柚子街”，是美柚盈利的关键。“柚子街”是一个建立在美柚庞大用户基础上的电商平台，其开展的电商业务主要是导购模式，这和返还网的理念一脉相承。这样做的好处是依托轻资产的电商平台，完全免除供应链、仓储、支付等成本，使得电商业务变得轻盈起来。

“她她圈”和“柚子街”的组合被陈方毅形象地形容为咖啡厅和商业综合体的关系。一般来说，消费者在咖啡厅聊完天也会想去商业综合体逛街购物。在美柚上，消费者既可以聊天也可以实现逛街购物。2016 年“双 11”，“柚子街”当天订单量高达 132 万单，为美柚实现全年盈利立下了汗马功劳。2017 年，“柚子街”单日订单量达到 166 万单，单日成交额破亿，同比增长 161%，上线后连续三年参与“双 11 大促”的“柚子街”捷报频传。

美柚的另一个盈利点是数字营销。美柚有海量女性用户，是天然的优质资源，品牌要找女性目标受众自然会到这里来。更重要的是，美柚不是简单粗暴地为营销而营销，而是力求通过高质量的内容，将其变成用户需求的一部分，这样就不会伤害到用户。

回顾过去 4 年多来的发展历程，美柚首先是做好产品和用户体验，形成了巨大和稳定的流量后，再探索商业化盈利，成功打造“工具 + 社区 + 电商服务 + 数字营销”的产业闭环，终于走出了一条成功的道路和模式。

美柚的成功也持续得到了业界的认可，在斩获多轮融资的同时，更收获了一系列荣誉：2013 年度十佳移动营销 APP、2014 年全球移动卓越成就奖、2015 中国最具投资价值企业 50 强、2016 年中国最具投资价值企业风云榜 50 强、2017 年环球睿优榜之最受女性欢迎健康品牌奖、2017 年移动互联网行业最具领导力奖、2017–2018 连续两年蝉联中国互联网百强企业。陈方毅本人也进入了《福布斯》《财富》等各大年轻商界精英榜单，受到了各大资本的追捧。

作为一名成功的连续创业者，陈方毅认为，创业者千万不要为了创业而创业，一定要先有想法，如果这一想法能够在现有企业实现，那就没必要创业；如果这一想法没有现成的解决途径，只能通过创业实现，才需要考虑引入投资和建立团队。

而且，这一想法一定要能够满足特定用户的现实需求，而不仅仅是满足自己的心理需求。因此，美柚的追求不是“做某一领域最大的企业”，而是“让女性更美、更健康”，因为前者是创业者的心理需求，后者则是广大用户的现实需求。

美柚办公室

创业者说

厦门美柚信息科技有限公司创始人、CEO 陈方毅

每个人都有他相信的东西，这些就变成了他的已知变量。在这个纷繁复杂的世界，比别人多几个已知变量，很多事情的决策就更快，意味着你比别人更易成功。"不膨胀，不短视，不计较"便是我坚信的三个已知变量，也是我多年为人处世的原则，我价值观的一部分。

不膨胀：每个人成长的过程中，都渴望得到他人的赏识、夸赞，毕竟，得到赞美总要好过于批评，赞美总能让人开心，心花怒放。但赞美其实是一件非常危险的事情，赞誉只是针对你的过去，重点是未来做得更好，我们每个人应该学会沐浴赞美却不膨胀。

不短视：心理学上有一个现象，叫"延迟满足"，延迟满足是个很有效地自我调节和成功适应社会行为发展的重要特征，是一种为了更有价值的长远结果而主动放弃即时满足的抉择取向，属于人格中自我控制的一个部分，是心理成熟的体现。不蝇营于小利，不短视于眼前，如果一个人愿意让满足往后递延，他很可能拥有长远的眼光，就可能取得和别人不一样的成就。

不计较：人在社会交往中，免不了会出现吃亏、被误解、受委屈的事儿。工作中，"不计较"便是团队非常核心的文化之一。比如，分配这件事是绝对不可能让所有人都满意的，你只能把裁决权交给时间，你要坚信世界公正美好，学会不计较，学着踏实而务实，越努力越幸运。

"不膨胀、不短视、不计较"，实质上就是本分的态度。工作的时候努力地工作，失败了能接受，成功了不膨胀，这叫本分；而工作的时候，你用"都行、可以"的态度，这就是将就。本分就是

做好了被别人夸奖，不膨胀；短期内受挫，不短视。古往今来，凡成大器者，必有长远眼光；受了委屈，不计较。本分实质是靠谱，把事情做好，但是又不膨胀。

美柚不会天天喊各种口号，我们的价值观就是一定要把事情做好，且期待能不能获得领悟和了解。了解一件事，自然就能做好它。了解是因，成功是果。领悟就像公式，掌握了公式，自然会解题了。“因”上努力，“果”自会好，因为这是在因地上播种。

美柚创始人　陈方毅

彩虹蜗牛 / 创业“辩证法”

经济日报 · 中国经济网记者　熊丽

企业小传

彩虹蜗牛教育，成立于2012年，是中国素质教育的领导品牌。公司专注于婴幼儿早期综合素质开发及青少年专项素质提升，自主研发了“全学程沉浸式教学法”，并在5年多时间内研发了数十门课程，拥有大量知识产权。同时，彩虹蜗牛与国内外10多家知名教育品牌合作，引进包含艺术、舞蹈、美术、科学、武术、足球等12类专项素质提升课程，极大地丰富了彩虹蜗牛教育素质教育课程内容。目前，公司业务以社区素质教育综合体及素质教育进万校为主，同时移动互联网素质教育服务平台、原创教育IP产品体系以及智能家居硬件等业务也在快速推进，形成以素质教育为核心，辐射移动互联网、原生IP、智能硬件等业务的素质教育生态系统。

28 岁的余笛，是一位年轻的创业“老兵”。

从湘西希望小学走出的余笛，心中一直有团火，“从 2009 年创业以来，虽然内容和形式有所区别，但都是为了让孩子们学得更好更快乐。”他在 2012 年创立的彩虹蜗牛教育集团，专注于 1.5–12 岁儿童的素质教育，成为国内领先的融实体店教学、线上教育平台和儿童原创 IP 生产为一体的儿童素质教育机构。

余笛说，他有一个“双百”计划，培养 100 万名从事素质教育的教师；研发出一套能够传承百年的课程，让每一个儿童都能享受最优质的素质教育。在他看来，创业要做自己喜欢或擅长的事情，创业首先要想到的，是能为社会创造怎样的价值。

彩虹蜗牛课程现场

教与学的平衡点

在新浪微博上，余笛的个人介绍是，“彩虹蜗牛教育创始人，素质教育教师”。

然而，余笛的创业之旅，却并非始于素质教育。

2008 年，余笛在北京师范大学念大二时，奥数正当火热。他做家教所辅导的孩子获得了迎春杯竞赛银奖，并被保送到人大附中，这让他在家长的口口相传中变得名气越来越大。到大三暑假，余笛已经带了十几个学生。因为忙不过来，他干脆成立了一家专门做奥数培训和理工科培优的公司，拉上几个同学一起干。2011 年，余笛在知春路租下办公室，当年收入就达到 500 万元，利润 120 万元。

“虽然赚了不少钱，但我觉得，这和自己想要的还差得很远。”因为父母工作的原因，余笛曾在湘西的希望小学里度过了 3 年时光。他始终难以忘记中学时重回山村的情景：西部大开发带动了地方发展，学校也建起了新校舍，但是却没有孩子用，因为没有老师愿意来。也正是从那时起，做一名教师的念头在余笛心里生了根。

2012 年，余笛从北师大教育心理学硕士毕业时，以“如何将游戏和课程统一在一个情景模块中”为主题撰写的论文受到老师肯定。他想探讨的是，为什么许多学生背不下来古诗词，记游戏秘籍却很轻松？老师建议他学以致用，将论文落地成一门课程。经过半年多的挑灯夜战，余笛写出了一门综合创造课。

现在看来，这门课写得很简单，但以此为契机，余笛毅然决定转向素质教育的二次创业。彩虹蜗牛由此诞生。

为什么叫彩虹蜗牛呢？余笛解释说，孩子就像蜗牛，背着重重的壳往前走。老师好比彩虹，要为孩子赋予多种美好品质。“我一直在想，孩子们到底需要什么？素质教育到底应该聚焦什么？”余笛认为，1.5–12 岁是儿童各方面素质的养成期，需要通过综合性的启蒙，来发现孩子的兴趣。因此，机构要在家长和孩子的需求间找好平衡点：让孩子玩得开心，让家长看到成效。因此，彩虹蜗牛将课程研发的标准设定为快乐、百科和前沿，做让孩子爱上学习、会学习的素质教育。

余笛表示，课程研发是彩虹蜗牛的核心业务，有专业团队负责，并结合最新热点事件保持每月更新。彩虹蜗牛针对3–7岁儿童研发的素质课，通过科学实验、绘画手工、机械编程等内容，激发儿童的逻辑思维能力、想象力、创造力等综合能力；针对8–12岁的儿童则开设创客家课程，孩子们可以将此前所学进行集中展示，从而全面提升儿童适应社会发展需要的综合素质。

“我们的素质教育喊了20多年，国外也一直在摸索。我认为，探索儿童素质教育的新形态，这是我们可以与欧美站在同一起跑线上的机会。”余笛说。

多与少的相对论

创业最初，余笛的想法是做实体教育。2012年儿童节，彩虹蜗牛第一家门店在北京北苑开张，同时，他还将课程以成本价出售给数十个幼儿园，并在这个过程中不断加以完善。仅仅1年时间，彩虹蜗牛就开出了3家直营店。此后又通过加盟的形式，得以快速扩张。到2015年，仅北京市就有30多家门店。但随之而来的是，素质教育教师大量缺乏，这在三四线城市体现尤为明显。

我国目前每年有1600多万新生儿，儿童教育产业正在成为极具潜力和投资价值的行业。从事儿童教育的机构繁多、种类多样，但作为课程载体的老师，数量却是有限的。余笛表示，许多机构着眼于存量市场，要把老师尤其是名师的时间抢过来。但儿童教育缺的不是名师，而是更多的老师。与其争抢存量，不如做好增量。

于是，彩虹蜗牛成立了彩虹企业学院，开展线下培训，但教师的交通费、培训费和住宿费，成本不菲。余笛逐渐意识到互联网平台的重要性。2015年10月，彩虹蜗牛“素质教育进万校”平台上线，依托强

2018年5月8日彩虹蜗牛教育“素质教育进万校”校园合伙人招募会议举行，斯洛文尼亚前总理、欧洲投资银行名誉总裁安东·罗普先生参观彩虹蜗牛教育品牌展示区

大的课程研发和教师培训体系，“素质教育进万校”利用幼儿园等机构的闲置场地和老师的闲置时间，在线上有效整合了教师、学生和场地三方资源，并在线下完成授课。

同时，“素质教育进万校”工程还对有意愿成为素质教育教师的年轻人进行培训，考核合格后可以进行授课。在余笛看来，父母是孩子最好的老师，只要课程和教学方法做到足够标准化、精细化，大部分家长可以转化为优秀的素质教育教师。“素质教育进万校”也由此成为一个增加全社会教师资源的平台。

余笛告诉记者，他想用10年时间，培养出100万名从事素质教育的教师。目前，通过“素质教育进万校”平台培养的教师有1000多名，离这个目标似乎有点远。对此，余笛表示，这和开店的速度是匹配的。“十年树木百年树人，从0–1很难，但从1–10会很快，不用特别心急。”

据统计，“素质教育进万校”上线第一个月，即实现营业收入 60 万元，一年后增长到 600 万元，目前已达到 1700 万 –1800 万元。但余笛也发现，在北京、天津、西安、上海等有直营店的地区，“素质教育进万校”推广起来很快，而在一些尚未有实体店的城市，由于品牌知名度还不够大，一些家长存在顾虑。余笛由此又探索出加盟带运营的模式。由加盟商出资金，彩虹蜗牛负责运营管理。2016 年，彩虹蜗牛共招募了 120 个城市的加盟商，未来两年将全部完成落地。

余笛的策略是：每家门店覆盖 3 公里的社区范围，3–10 公里则通过“进万校”做课程输出，并为下一步开店进行精确选址和无成本预售。现有门店则作为教师培训基地。一旦生源和老师到位，开设门店的速度会非常快。

目前，彩虹蜗牛已经覆盖了全国 103 个城市，拥有 110 家实体门店，1500 多家幼儿园使用彩虹蜗牛的课程进行教学，平均每年为 55 万家庭提供儿童素质教育相关服务。

快与慢的变奏曲

2015 年以来，彩虹蜗牛先后获得中搜创投、星河互联以及少林文化集团等的投资，在创业路上越奔越快。

但在余笛看来，教育行业的创业者要有“学为人师、行为世范”的使命感，快与慢不是最重要的，关键是课程质量。只要课程足够好，哪怕市场看似被占满，也能开辟出新领域。市场推广可以“快”一些，打磨课程却要沉下心“慢”下来。为此，余笛从几大互联网公司引进了高管，自己也正在攻读中科院儿童心理学博士。他坦言，“我们已经属于比较快的，而且当时可能偏着急了”。

因为“快”，余笛遇到过两次险些过不去的坎儿。第一次是 2012 年刚转型做素质教育时，从一年赚 100 多万元到全部赔进去几乎面临破产，他把车卖了才得以渡过难关。第二次是 2016 年，因为市场扩张速度太快，资金链有几次濒临断裂，余笛几乎抵押了所有能抵押的东西。

“有没有想过重回老路呢？”记者问。“想肯定是想过，但觉得不太甘心。我认为方向没有错，需要的只是时间。”余笛说，创业本来就是面对困难解决困难的过程，这也是创业的魅力所在。只有经历了才会成长，才会去渴望更多的挑战。“用一句挺俗的话来说，这是自己选的路，跪着都要走下去。世界上没有绝对做不了的事情，贵在坚持。”

余笛的坚持正在赢得回报。2017 年，彩虹蜗牛实现营收 1.14 亿元，2018 年将达到 3 亿元，预期 2019 年的利润将可以达到 1 亿元人民币。彩虹蜗牛已经迎来了一个爆发期。

彩虹蜗牛已构建起日渐完善的素质教育生态系统。余笛表示，在目前的教育培训市场中，很多机构只开店，很多机构只卖课，都无法形成闭环。因为如果只有门店，缺少线上推广和宣传；如果只卖课程，缺少更好的变现方法。彩虹蜗牛目前实现了实体店面、线上平台和课程研发的多头并进。“如果竞争者想赶上，必须同时做这三环，壁垒又加高了

彩虹蜗牛的校区

很多”。

围绕课程打造原创 IP，是彩虹蜗牛的更大优势。彩虹蜗牛基于“全学程沉浸式”教学法，构建了一个快乐的蜗牛星球，并为此编写了蜗牛星球编年史。每个孩子都是一个小蜗牛星人，他们在课程中学到知识和技能，12 岁毕业后可以成为彩虹蜗牛少年王，开启新的宇宙探险之旅。

如今，基于彩虹蜗牛这个日渐成熟的 IP，彩虹蜗牛与国内外众多知名企业和单位进行合作，进一步扩大自己的生态圈。以“素质教育进万校”为例子，除了彩虹蜗牛的自营课程外，还与中央音乐学院、中国高尔夫协会、中国棋类协会、少林武校、英国曼城俱乐部等组织和院校共同打造了 7 大类课程体系，满足了更多家长的需求。同时，与当当网合作出版了小说《彩虹蜗牛历险记》；与阿里巴巴的“智慧之心”联合研发了基于大数据与人工智能的智慧管理系统；与海尔和中科院达成战略合作，推出“彩虹风”系列环保类智能硬件；与韩国衣恋集团联合打造了“彩虹街”系列童装；与 A 股上市公司群兴玩具共同成立了 10 亿规模的幼儿园产业并购基金，深度布局国际双语幼儿园业务。

与上市公司携手并进是 2018 年彩虹蜗牛最重要的一个大事件，这也标志着彩虹蜗牛登上资本的舞台，成为中国幼儿素质教育领域一支重要力量的开始。目前，彩虹蜗牛产业并购基金第一期 2 亿规模的资金已经陆续到位，这将支撑彩虹蜗牛从园所并购到课程研发、从终端标准化到运营精细化等工作全面展开。余笛表示，未来的彩虹蜗牛将以 A 股幼儿园第一股的身份接受广大投资者的关注与监督，彩虹蜗牛也将会秉承“幸福”教育的理念精耕细作，把高品质的课程和最优质的服务带到全国乃至世界。

作为国家品牌计划成员的彩虹蜗牛，在夯实国内基础的同时也在满怀自信地走出去。为了契合国家“一带一路”的战略方针，2018 年 5 月份余笛携高管团队造访印度，为开发国际幼儿园进行市场调研和合作沟通，并成功与印度国宝级演员阿米尔・汗签订代言事宜。这意味着彩虹蜗牛不仅在汲取国外优秀的教育资源，也承担着把中华文化对外传播的一份重任。

这一系列动作的背后都预示着彩虹蜗牛将进入一个新的发展阶段。全国连锁直营的双语国际幼儿园、全国连锁加盟的社区素质教育综合体、全国开展的素质教育课程平台项目成为当下彩虹蜗牛教育板块的三驾马车。它们将承载着余笛和跟他一样有情怀、有梦想、有激情的教育家们对美好未来的期望。

余笛常说，从某种意义上来讲，彩虹蜗牛的事业是和登月的阿波罗一样伟大，因为我们都在探索未知的世界。教育行业是中国为数不多的和世界站在同一起跑线的行业，而我们就是在培养无数有着远大前程的孩子，他们在未来将会成为科学家、艺术家，为人类社会的发展做出巨大的贡献。

2017年12月12日，彩虹蜗牛创始人余笛(左四)在“中国好教育”盛典上被授予“中国教育领军人物”称号

创业者说

彩虹蜗牛创始人兼董事长　余笛

教育创业不仅仅是一门生意，更是一种社会责任。我希望将我成长的感悟贯穿到我的课程中，传递给更多的家庭和孩子，也可以传递给彩虹蜗牛大家庭里的每一份子。于是，我把我的感悟融合成了彩虹蜗牛的“幸福教育理念”，这个教育理念，是彩虹蜗牛的企业文化，是彩虹蜗牛的课程理念，也是我自己的创业感悟。

我认为“幸福教育”应该涵盖三个层面：一专多能、思考创新、乐观积极。

一专多能，指的是要全面，作为一名创业者，都是全能手，从产品、营销、管理、资本，样样都得会。落实到教育层面，就是在我们的课程体系中，要从德智体美劳五个方面促进孩子的全面发展，不能偏科。

思考创新，是一个企业进步的源动力，也是孩子成长发展的必经之路。作为创业者，要通过不断地思考创新找到企业的成长路径，保证企业一直处于快速发展的阶段。落实到教育层面，我们要教导孩子的不仅仅是知识，而是教会孩子如何思考，如何运用知识来创新地解决问题。

乐观积极，是成长中必须有的心态。创业企业，每天都是如履薄冰，乐观可以让企业的领导者保持良好的心态，积极去面对和解决问题，不会在压力下崩溃。落实到教育层面，我们需要让每个孩子都期待一个美好的未来，自信地面对学习生活中所出现的所有问题。用一句话来概括：只要你自信，你就是幸福的！

用百年时间，育十亿幸福孩子。彩虹蜗牛将带着这样的使命，坚定不移地走下去。

彩虹蜗牛创始人　余笛

日食记

美食与猫，都只为温暖人心

经济日报·中国经济网记者 佘颖

企业小传

2014年5月，上海罐头场文化传播有限公司成立，专注于制作美食短视频。2014年年底，上海罐头场文化传播有限公司创始人姜轩在网络发布了首集《日食记》，讲述圣诞姜饼人的故事，一炮而红。

《日食记》的视频风格以日系为主，加上一只卖萌的猫咪。目前，《日食记》系列短视频网络播放量累计超过70亿次，微博粉丝超过1200万，全网粉丝数量超过3500万，线上线下覆盖人群超过3亿。

罐头场旗下还有生活美学类栏目《做个东西》、美食音频栏目《听饭》、美食细分栏目《吃喝少年团》、旅行探店栏目《去个地方》。2017年9月，《日食记》完成B轮融资，融资数额为数千万元，估值数亿元。

阳光透过黄色草帘照在深褐色的操作台上，白色的小方块墙砖上钉着黑色的挂杆和原木色的木板，大大小小的锅、透明的储存罐、随意攀爬的绿植。“老刀”的厨房可能是13亿中国人最熟悉的厨房——在这里拍摄的《日食记》系列短视频，网络播放量累计超过70亿次。

隔着屏幕闻不到饭菜香气，一道道暖心的美食“看”下来，网友们倒是记住了那个从不露出正脸的做饭高手“老刀”和乖巧的猫咪“酥饼”，熟悉了这间有暖暖的阳光，或是暖暖的灯光的厨房。

不是教做饭的美食节目，而是讲生活的人文节目

老刀的名字叫姜轩。很多人都以为他是“大叔”，其实，他只是个留着一撮小胡子、生于1980年的男青年。

姜轩在视频里不说话，经常穿着深色的棉麻衬衣，用的锅碗瓢盆也都偏“小清新”。姜轩说：“因为我有意识地淡化自己在《日食记》里的存在，希望网友们关注视频传递的信息。”而偏“小清新”的风格，可能是他与生俱来的。“我喜欢原木清漆，喜欢极简主义。”姜轩说，当时并没有很清晰认定要走什么风格，“小清新”也不像现在这么流行，只是凑巧赶上了。

但现在，出现在《日食记》镜头里的每一件东西，从围裙、盘子、锅甚至到垃圾桶，都是姜轩和团队一件件精心淘来的，必须符合《日食记》的风格。

如果在百度上搜索“日食记”，自动联想的词是“日食记菜谱”“音乐”“字体”“围裙”。记者问了姜轩才知道，“日食记”这三个一看就显得很文艺的字体是专门请人手写并加以设计的。

“我们想给大家传递一种生活方式，温暖、精致，有仪式感。”姜轩说，自己当年租房的时候就特别想有一个大大的厨房。等他买房装修的时候，他把大部分预算都花在厨房装修上，一套切菜刀就要上万元。

在《日食记》里，姜轩偏爱用淡雅的棉麻餐巾、米白素色有手工质

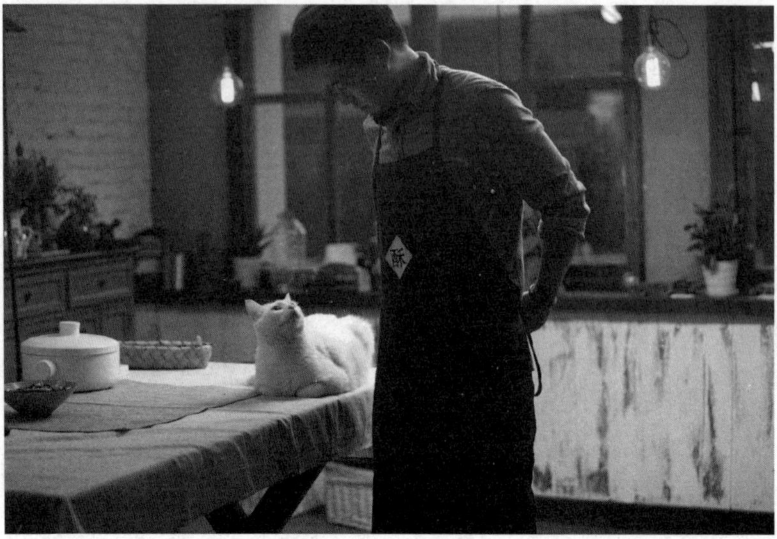

做饭高手“老刀”和乖巧的猫咪“酥饼”

感的粗陶餐盘来传递自己的喜好。

“我们的粉丝70%都是年轻的女性，独立生活，经济积累刚刚起步，《日食记》代表的是她们向往的生活。”姜轩说，“就是那种在公司辛劳一天，回到家疲惫地躺在床上，能看到有人不紧不慢地陪着一只猫，给香菇切花刀，把豆腐慢慢煎黄，煮在白色的暖锅里端上桌，还要垫一张草编垫子才慢悠悠地吃，就感觉被治愈了的状态。”有网友评价，“每次看到淡然的‘老刀’和‘酥饼’乖巧的模样，就觉得心里很踏实。”这种陪伴，在特殊的日子里尤为温暖。春节时，他们做阿婆的肉圆，临近毕业季，又做电饭煲火锅。这道火锅里沸腾的，就不仅是食物，还有曾经的懵懂、理想和情谊。难怪《日食记》的口号是“温暖治愈你的心和胃”。

“《日食记》不是教做饭的美食节目，而是一档人文类节目。”姜轩特别肯定地说，“我不是教做饭，而是传递一种生活方式”。

提前站到了短视频风口，有喜有忧

在入局短视频之前，姜轩创业已经有10年，他原本是电视台的编导，自己开了一家影视工作室。2013年年底，土豆网举办了一次PGC栏目征集活动，邀请姜轩参加。因为觉得做饭最省钱，只要有锅碗瓢盆和食材就可以拍，又没有钱请演员，所以姜轩决定自己上场，拍摄了《日食记》的第一条短片《圣诞姜饼人》。

那时，短视频还是粗制滥造的代名词，像姜轩这样专业出身又有美学品位的创作者极其少见。因此，初次亮相的《日食记》便获得了土豆映像节的乐活最佳自媒体奖项。赛后《日食记》拿到了第一笔天使轮投资200多万元。

可当时姜轩不知道怎么做视频创业，连财务计划也没有。“融资时，我问投资人如果亏光了怎么办？对方回答说那就亏光了，他们也不会干涉经营，我就拿了钱。”钱到账后，姜轩花了很多钱买高端摄影设备，很快就花得所剩无几。

其实《日食记》单集制作成本并不高，可能几千元或上万元钱。但对于姜轩来说，把短视频专业化这件事是潜意识里根深蒂固的东西。而硬件添置完毕后，姜轩才意识到账上没钱了，也不知道怎么去融下一轮。

那是2015年，短视频还没有刮起现在这么大的风，无论是市场、投资人还是技术，都没有做好准备。姜轩记得，那时，微博不能直接发布视频，他需要在微博文章里加入一个优酷的链接，让网友跳转页面观看，“后来微博嵌入了秒拍，我才能够直接上传无损的秒拍视频”。

用户体验不佳，《日食记》的内容虽好，也没有太多施展的空间。最难的时候，姜轩甚至想要抵押房子来付员工工资，问10多个员工能不能接受白条，能接受白条的就留下来。最后还是投资人追加了投资，

可爱的“酥饼大人”

帮他渡过了难关。

回忆起那一段，姜轩也谈不上后悔。“我们拥有专业级摄影器材，而不是每次需要用时去租。我们对器材的了解和利用会更深入，这决定了《日食记》优质的呈现效果，视频质量远超过竞争对手，视觉指标甚至可以达到大电影的水平。”他解释说，“提前入局短视频有喜有忧，但大方向是对的。”

撑到2016年，短视频大风起兮。当年，中国4G用户数达到7.7亿户，用户渗透率达到58.2%，3G/4G移动宽带用户合计达9.4亿，手机网民接近7亿，大大提高了短视频的用户体验。各视频网站也纷纷出台短视频扶持计划，希望以收入或者补贴的激励来推动整个行业的发展，完善短视频行业生态链。

在用户市场、商业市场的共同驱动下，垂直类内容增速迅猛，生活美食、音乐健身等垂直消费生态增长迅速。正是在2016年，《日食记》与微博达成了战略合作，优质的短视频内容在站内获得了很好的扶持。微信、今日头条、优酷、爱奇艺，几乎所有的平台都在渴求优质短视频内容。《日食记》很快成为各家欢迎的对象。目前，《日食记》的微博粉丝超过1200万，全网粉丝数量超过3500万，线上线下覆盖人群超过3亿。

优质短视频也需大师般的布局

《日食记》那间多少人梦寐以求的厨房实际上是个在集装箱里的摄影棚，就安置在上海市广纪路。窗外的轻轨一会儿就轰隆隆过去一趟，拍摄团队只好停下来等噪音过去。就是这列车，与悬挂在公司门口的铃铛、名牌、立偶一起，成为《日食记》风格的标志。

安静平和、有条不紊的《日食记》，拍摄现场却很喧闹。记者去的那天，他们正在拍摄重庆九宫格火锅。姜轩穿着一件普通的黑色卫衣站在操作台后面，与食品研发的姑娘一起核对哪一碗是香油，哪一碗是花椒油。七八名工作人员、3台摄影机围着他，等着拍摄自制肉丸子。

别看短视频只有5到15分钟，想拍好，需要的是电影大师一般的掌控布局。作为一名称职的“演员”，姜轩学会了彩排“走位”。“待会儿磕鸡蛋的时候，我会在这个角度，你抓紧拍。”摄影师立刻心领神会：“你把角度找好之后，停一下，我给你个特写镜头。”

姜轩会做饭，但算不上专业。所以，在《日食记》里，从来没有刀工炫技、爆炒翻勺，大都是一些蒸煮炖烤，一步一步慢慢完成的菜品。

姜轩坦然接受了记者笑话他“厨艺不精”，但是强烈抗议有人质疑《日食记》“饭不好吃”。“《日食记》的饭很好吃！”他再三强调，“我们有10个小伙伴组成的研发团队，其中还有一个叫老万的忘年交，曾在日本餐厅做主厨多年，还有小伙蛋蛋，现在也在《日食记》出镜，

出自“老刀”之手的诱人美食

比我还受欢迎。只要照着我们研发的菜谱做，一定会好吃。”

看似简单的摆拍，实则也得拿时间雕琢。每一道菜品，姜轩至少要做 3 次。第一次是试菜，熟悉制作流程、调整味道、摆盘之类的。第二次相当于“带妆彩排”，这个过程中会拍摄动图和照片，为后期的文字版本做准备。最后一次才是正式的分镜头视频拍摄。这是一切顺利的时候。大多数时候，姜轩需要返工。他记得那道芝士年糕做了 10 遍，还有一道 5 层彩虹慕斯，冻一层需要两个小时，完成 5 层需要 10 个小时。他失败了 3 次，一直到第 4 次才成功。

听姜轩淡淡地讲述这些，正应了那句话，“没有人能够随随便便成功”。

对美的坚持看得比赚钱还重要

出乎意料，网红猫“酥饼”并没有出现在拍摄现场。它在《日食记》的办公室里呼呼大睡。因此，从集装箱出来，姜轩贴心地问记者：“要不要先去看看猫？”

几乎到《日食记》的每个人都会先去“撸猫”。《日食记》小一半的镜头给了白猫“酥饼”。这只流浪猫在被姜轩收留后，成了公司的吉祥物、《日食记》的大明星。“酥饼”还是罐头场公司的CEO，从字面上理解，姜轩是在为一只猫打工，虽然“酥饼”除了罐头小鱼什么也不关心。《日食记》经常从“酥饼”的角度来切入，卖萌有理，也有利。在微博上，“酥饼”有476万粉丝，被尊称为“酥饼大人”，发个猫爪子九宫格都有7000多人点赞，是难得的优质账号。

以《日食记》、“酥饼大人”为核心，《日食记》建立了自己的账号矩阵，包括《喝个东西》《做个东西》《去个地方》等，入驻各大平台，互带流量，增加曝光度，算是《日食记》为商业变现打的基础。

如果想要赚钱，《日食记》有天然的优势。他们的粉丝比较平均地

罐头场内景

分布在一二至三四线城市，三四线城市的人看到向往的生活，在线下不好购买，正好需要《日食记》的导购和推荐。但是姜轩有个原则，植入不能够过度，“《日食记》的菜单都是提前半年定下的，确定后，才让销售去拿给品牌方看，有合适的植入品牌就植入，没有也没关系”。

即便是植入，姜轩也把对美的坚持看得比赚钱还重要。“瓶身设计很难看的酱油、醋，给再多钱我都不接。”他透露，很多经常入镜的产品并没有给钱，“比如锤子手机，我很认可它的工业设计，已经在《日食记》里免费出现了好多次”。

如果想当然地以为《日食记》的广告客户是六必居、海天酱油、老干妈、五常大米之类的快消品，那就错了。意大利豪车品牌阿尔法·罗密欧曾经在《日食记》投放过广告，让姜轩开着一辆阿尔法·罗密欧的SUV去舟山钓海鲜、烤生蚝，浪漫悠闲的情调几乎要从屏幕里溢出来。

姜轩也很满意这次合作，“那个舟山小渔村和意大利的渔村很像。不过如果是法拉利，我们可能就不会接，因为法拉利的品牌调性与《日食记》并不一致”。

《日食记》也在尝试销售自有的咖啡、面、酱料等快消品，在淘宝店铺上，一款葱油拌面酱月销量超过1.4万件。这是姜轩看好的方向，“做年轻版的老干妈，无印良品风格的”。同时，《日食记》在上海世茂广场的线下店即将开业，还与阿里巴巴旗下的盒马鲜生合作推出了“《日食记》的菜篮子”，可以一键购买《日食记》视频里的所有食材。

在线上线下互相导流已成趋势的当下，自带IP的《日食记》体验店受到了众多商业体的欢迎，并且给了《日食记》很优惠的租赁条件。姜轩预计，明后年也许可以朝正现金流努力一把了。

《日食记》推出了多种周边产品。图为热泡拿铁

创业者说

罐头场创始人 姜轩

2016年的某一天，我去家门口的超市里买东西。没洗脸，胡子拉碴的，穿着前一晚随手扔在一边的皱巴巴的衣服。这时一个姑娘走过来，有点儿不确定地问我：你是不是《日食记》的姜老刀？我故作镇定地回答，姑娘，你认错人了。虽然表面淡定，但是心里还是有一些激动，那是我第一次感觉到，《日食记》好像真的火了。

再回想起工作室最初的样子，5个人，十几平方米，还一度陷入发不出工资的尴尬境地。那时候怎么也不会想到，公司会发展成今天150人的规模。

现在的罐头场，除了日常拍摄《日食记》外，还拓展了《做个东西》《去个地方》等等不同领域的新栏目，也开始运营电商、写书、开线下店……团队越来越多元，而我自己的身份，也越来越多变。我是罐头场的CEO，也是导演、《日食记》的“演员”、图书作者、店铺掌柜……当面对办公室越来越多陌生的脸庞，和越来越多的新业务，如果说没有过焦虑，那是假的。因为我经常会自己问自己，你究竟想干嘛？目的是什么？跟最早之前最想做的事相比，有发生变化吗？

我会发现对于整个罐头场来说，我的答案变得复杂了很多。

因为我发现，我团队的每一个人都在寻求着变化。我们的设计师不仅会画，还能写，现在兼任起新媒体运营的工作。摄影师在一次内部的短片大赛上崭露头角，已经正式转岗成为导演。声音组的同事在日常工作之余，为大家在公司内部打造了一个私人影院。就连我们的食堂大叔，也在饭后和公司的小年轻们玩起了从前没试过的滑板，偶然还会在《日食记》里客串上镜。每个人都在做一些新鲜的尝试，而这些尝试，也确实创造出了更大的价值（对他们自身来说）。

所以对于团队来说，我的答案是，我希望我的公司像一所学校，永远怀揣希望，永远保持学习的状态。我也希望为我学校的同学们提供一个自由成长的空间。只有我们都在罐头场认真生活，我们才能像期望的那样，为粉丝创造出温暖治愈的内容和产品。

对于我自身来说，很幸运，答案从未变过：成为一名被大家所认可的合格导演。

罐头场创始人 姜轩

慈文传媒/这里生产“中国好故事”

经济日报·中国经济网记者　梁剑箫

企业小传

2000年，马中骏从体制内转型，创立了北京慈文影视制作有限公司，凭借其在业内的资深影响力，使慈文快速脱颖而出，被广电部门核准为中国第一批获得电视剧（甲种）制作许可证的民营公司。2015年，公司完成重大资产重组，以“慈文传媒股份有限公司”名义登陆中国A股市场。

自成立以来，先后出品了《楚乔传》《老九门》《花千骨》《剧场》《老马家的幸福往事》《暗黑者》《西游记》《神雕侠侣》《七剑下天山》《家》《半生缘》等一大批叫好又叫座的时代佳作。到2018年7月，慈文传媒出品了影视作品共计75部，其中电视剧两千余集，收视率和市场份额双双领跑。由于坚持中华文脉与时代特色并举，这些作品不仅在华人地区凝聚人心反响热烈，更通过各种对外文化交流、创意产品输出等渠道，成功进入日韩、欧洲、北美市场。慈文传媒因此连续被国家商务部、文化和旅游部、国家广播电视总局评为“国家文化出口重点企业”，成为中国故事走向世界的重要窗口和桥梁。

如今，中国影视产业可谓“花繁叶茂”。大量正能量十足的好故事通过电影、电视剧和网络剧等表现手段呈现于广大观众面前。繁荣的背后，除了国家政策支持，还得益于专业影视制作机构的不断推陈出新。马中骏和他的慈文传媒股份有限公司无疑就是业内的一个代表。

“慈文传媒发展至今，是其长期以来尊重文化创意、尊重创新、尊重人才的结果。”谈到企业创业的历程，慈文传媒股份有限公司创始人、董事长马中骏说。

创业始于厚积薄发

2000 年，时任中国文联音像出版社常务副社长的马中骏创立了北京慈文影视制作有限公司（2015 年 9 月，公司于深市中小板上市后更名为“慈文传媒股份有限公司”）。其时，中国影视产业还未如今日这般繁荣，但潜力巨大，发展方向也存在多种可能性。马中骏和创业团队认为，制作影视剧的宗旨在于“流行的经典”。“经典作品中潜藏的深刻的思想意涵和文化精神，可以通过影视表现的方式有效传达给受众。”马中骏说。

当时，港台剧盛行，虽然故事和题材很丰富，也很有新意，但是制作却较为简陋。尤其是古装剧，大多数都是棚内拍摄，搭建的都是假景。马中骏敏锐地感觉到，这反而是很好的市场机遇。他集中购买了一批金庸和古龙的武侠小说版权，出品和拍摄了几部大量采用实景的武侠剧。马中骏和他的团队认为，武侠剧中的英雄都应该有悲天悯人的情怀和家国天下的抱负。“这种定位也符合消费者的普遍认知，跟市场期待相匹配。”在拍武侠剧之初，慈文传媒就提出“武侠的境界”和“武侠的情怀”。事实证明，正是这一“境界”“情怀”的提出，使得港台剧打打杀杀的热闹，终不敌唯美的景、唯美的情、唯美的境界。

慈文传媒在影视方面独特的战略选择，与马中骏个人的文化积淀是分不开的。马中骏从小爱读书，文学、历史、哲学等均有涉猎。他步入戏剧领域后，得到中国话剧奠基人熊佛西亲授弟子曲信先的指导，学到了不少戏剧写作技巧和经验。1980 年，他与贾鸿源、瞿新华共同创作出了颇具先锋意识的独幕话剧《屋外有热流》。该剧发表于当时最好的专业月刊《剧本》，引起国内业界轰动。《屋外有热流》获得 1980 年首届全国优秀剧本奖，马中骏也因而获得“中国实验话剧先锋”的美誉。之后，他又创作出讲述改革开放初期思想解放的剧本《街上流行红裙子》《海滩》等，这些剧本被选入《牛津戏剧选》和《纽约当代戏剧选》。

“我由话剧转到影视领域后，发现早年积累的这些话剧创作技巧和经验对于慈文传媒的发展不无裨益。它使我在审视一部影视作品时，可以比其他一些同行更具备专业优势和专业眼光。”马中骏说。

创业兴于坚韧不拔

在影视产业，由于不确定性因素来自于多个层面，投入和收益具有很强的高风险特征，项目的市场定位显得尤为重要。具体而言，就是影视剧制作过程中面临的战略判断和执行。当在这一过程中出现问题时，需要决策者有坚韧不拔的勇气和敢于冒险的魄力。出品新版电视剧《西游记》的艰难过程，就是慈文传媒不懈努力的缩影。

2004 年，慈文传媒投入制作新版的电视剧《西游记》。在最初策划这个项目时，很多人就提出疑问：杨洁的 86 版《西游记》早已深入人心，重拍风险非常大。怀旧是人们的普遍心理，尤其是一些已经植根于人们习惯意识里的美好又迷人的片段，更让人难以割舍。新版《西游记》拿什么和人们的习惯相抗衡？会不会费力不讨好？

马中骏跟团队成员们经过认真调研和分析，最终认为，重拍《西游记》对慈文传媒来说是一次巨大挑战，但这也是中国电视剧在制作上能否突破过去、还原原著魅力、展现想象力的最好机会。马中骏要求团队成员，沿袭慈文传媒一贯的动作剧强项，对剧中所有武打动作更精益求精。同时，新版《西游记》会将小说原著中的思想阐述得更加鲜明。“我们希望观众记住画面，更记住故事带来的启示。动作戏里要有丰富的商业元素，也同样应该有深刻的思想启迪。”马中骏说。

当大家开始根据拍摄周期计算特技费、场地费以及航拍、水下拍摄等前期费用时，马中骏傻了眼：一集的制作预算就已高达 200 万元，而当时中国电视剧市场一集能卖到 100 万元就已是天价。马中骏说：“我们当时测算，按照市场趋势，海外大概能卖到单集 5 万美元左右，

慈文传媒的大合照

这样距离制作费持平还有很大缺口。但我们觉得这部剧题材好，制作会很精良，也许卖的价格能超过预期，即使略有亏损也应该只是第一轮。我相信这样一部剧是有重播价值的。长远来看，前景是乐观的。"

很快，马中骏顺利拿到了几家电视台的预付款，资金问题得到了缓解。然而，2009 年，马中骏从一家电视台的负责人口中得知，浙江也有一家影视公司翻拍了《西游记》，预计于 2010 年开播。"那时真有些措手不及，同样的题材我们刚开始做，他就已经开拍了，而且做得比我们快，电视台也购买了。当时压力很大，很多原本有意愿合作的朋友都放弃了，觉得市场风险太大。不过，很多电视台的相关负责人跟我说，相信我们拍的《西游记》肯定跟他们的不一样，因此既买了他的，同样也买了我们的。"马中骏说。

从 2004 年到 2010 年，经过 6 年多时间，新版《西游记》的制作总投资逾 1 亿元，前后动用了 1000 多人。用制作人员的话说："整部剧从创作、制作再到后期的过程，一点儿不比唐僧取经容易。"2012 年 1 月 30 日，新版《西游记》首轮卫视开播备受瞩目，在技术领域开创了多项国产电视剧的先河，一集当中至少有 300 多个特效镜头。

通过新版《西游记》的运作过程，马中骏还发现了一点：传统媒体开始遭遇强大冲击。首先，卫视的竞争格局会产生马太效应，导致强者更强弱者趋弱，分化会很强烈；其次，新媒体对传统媒体影响很大。尽管在当时的媒体环境下，跟传统媒体相比，新媒体还相对弱小，但发挥的自由空间相对较大，若能抓住机遇，广告增量会成倍甚至几倍地翻番。同时，人才也会越来越多地涌向新媒体。新媒体本身的硬件条件也会越来越完善，优越性会更加显现。马中骏敏感地察觉到，视频媒体的未来一定在新媒体。为此，慈文传媒开始悄然扩大战略布局的视野，努力打破传统思维，开拓新的制作视角。

创业赢在与时俱进

一家具备影响力和竞争力的影视企业，是具有前瞻性眼光的。倘若缺乏与时俱进的思维，影视企业很难在市场上生存。

随着传统电视剧行业步入成熟期，2012 年，慈文传媒率先提出向互联网转型的口号。而对 IP 的关注和拍摄，马中骏更是比业内提前了整整 10 年。“10 年前，我参加过两届网络小说的评委，当时的两届冠军作品我都购买了版权。一部是《天眼》，后拍摄成名为《国家宝藏》的电视剧，还有一部是张海峰的《青盲》。这两部剧当年收视率都很高，这也应该是慈文传媒最早的 IP 开发。”马中骏说。

在保持 IP 开发的同时，对版权非常敏感的马中骏又比同行早两年嗅到了“网风”之味。2014 年，改编自网络文学作家“fresh 果果”同名小说的电视剧《花千骨》宣布开机。该剧经过一年半左右的筹备，在广西的景区选址、布景和搭建场地，并在浙江横店影视城中的清明上河图、秦王宫等多处取景，进行实景拍摄，打破了以往很多古装剧搭棚的创作习惯。在后期制作方面，该剧独树一帜的水墨画风对日后同类题材电视剧制作起到了很大的指导作用。《花千骨》2015 年开播后，收视率稳居暑期档周播市场的第一名，网络播放量也创下了超过 200 亿人次的新纪录，同名手游单日流水破 2 亿元。中国电视剧“超级现象”时代自此开启。

“《花千骨》的成功，证明具有丰富互联网基因的 IP 改编蕴藏着极大市场价值。”马中骏认为，该剧也为 2015 年国产电视剧创造了一个新名词——爆款。

网络和电视台面对的是两个不同的用户群。网剧和传统电视剧在理念和调性上都不一样，各自有生存方式和空间。“未来，电视观众的容量不会扩大，但是会持续存在，不过他们的整体观看习惯会不断改变，这个市场应该继续维护。”马中骏认为，如今更多年轻人用手机观看视频，用电脑都很少，网剧肯定是影视的发展趋势。做网剧的人需要具备互联

慈文传媒荣获众多奖项

网思维，而是否具有这样的思维，跟年龄无关，关键是要对这个领域感兴趣、真熟悉。“有的人即便年轻，也做不了网络剧，因为他依旧秉持着传统思维模式。慈文传媒有动画和游戏的制作团队。我成天跟这些年轻人交流，感觉思路真是不一样。他们非常清楚自己的目标用户，了解他们的性别、年龄、职业、喜好……你的针对性越强，成功率就越高。”马中骏说。

另一方面，中国有自己的国情和影视制作特点。在中国影视特有的运营模式中，国内影视产业实际上已经建立起一定机制。“跟西方影视产业相比，不管是故事、表演模式还是播出方式，国内的影视制作机构都是按照中国观众特定需求加以匹配的。慈文传媒找到了一种‘中老年观众喜欢看什么’‘年轻观众喜欢看什么’的影视播出模式，然后结合自身特点，发现了独特的表达和播出方式。”马中骏说。

马中骏认为，随着中国经济水平和消费能力不断提升，中国文化将越来越多地被世界认知。在理解东方文化和中国文化的过程中，影视作品无疑会发挥出至关重要的作用。马中骏表示，“中国文化中体现出来的想象力与创造力肯定不同于西方文化。如果要让全世界都能认同和理解中国式想象，需要一个‘润物细无声’的过程，急不得，慢慢来。中国文化的魅力，需要慢慢释放”。

譬如，慈文传媒早已开始悄然策划国剧“出海”，诸多作品在海外都反响热烈。过去十几年间，慈文也多次被评为“国家文化出口重点企业”。2009 年，慈文传媒制作了《老马家的幸福往事》，这是一部致敬中国改革开放 30 年的影视剧，具有十分明显的中国特色，因那时越南人民所经历的时代，恰恰与这部剧中所呈现的中国人所经历的改革开放初期生活的各种变化非常相似，这部戏在越南播出时非常受欢迎，创下了当时越南播出电视台的年度最高收视记录。

在慈文传媒目前的“出海”业务中，亚洲国家仍旧占有相当一部分比重，而在欧美国家的成绩正在大幅提升。具有代表性的，是近两年的《花千骨》《楚乔传》两部作品。《花千骨》的故事具有道家文化的内容蕴含，对美国观众来说比较陌生，而日本观众和泰国观众理解起来非常容易；《楚乔传》在美洲、欧洲、非洲、澳大利亚、新西兰、中东地区的 YouTube 平台与国内同步播出，期间收获了 3.5 亿次点击，57 万网友分享。短短 40 天内，《楚乔传》YouTube 账号订阅用户从零提升到 25.3 万，观看时长超过 28 亿分钟。其中，美国用户贡献的收入占海外收入近 50%，开创了华语影视剧先河。《楚乔传》中，人物对于信仰自由的追求，与当下美国年轻人的想法非常吻合，因此在美国的播出成绩、在 YouTube 上美国区域的播放量远超其他国家。

2017 年，中国国际电视总公司牵头成立了影视文化进出口企业协作体，慈文传媒是 7 个常务理事单位之一。2018 年 5 月，慈文传媒与影视文化进出口企业协作体签订了《凉生，我们可不可以不忧伤》的海外推广合作协议，这让它有望成为继《楚乔传》后又一出海标杆力作。“走

马中骏参加 2017 中国网络视听大会·新视听创新峰会与网络剧高峰论坛

出去”，不单是形成售卖效应，更重要的是传播中国优秀文化。

目前，慈文传媒采用的是两种形式的“走出去”——一种是慈文传媒制作内容，海外平台负责买单，在海外完成播放；另一种是联合进行内容开发，在内容生产之初就加入国际特色，保证国际发行要素。在马中骏看来，当下中国影视内容“走出去”的最大优势在于市场庞大、演员以外的人工成本较低，但距离合拍作品被认可，或许还需要 3 至 5 年时间。

马中骏说，慈文传媒正在推进与美国合作的影视项目。接下来的作

2017 年 7 月，马中骏在上海参加第 15 届中国国际数码互动娱乐展览会（ChinaJoy）高峰论坛暨 2017 中国国际数字娱乐产业大会（CDEC）

品，将会选择与美国观众相互匹配的题材和叙述方式。它的效果和反馈将是慈文传媒“出海”之路的一次重要参考。慈文传媒将整合剧集“出海”方式，深入参与到行业资源、技术、管理等要素的国际融合与发展之中。

谈到今后发展，马中骏信心满满地说：“未来，慈文传媒将持续致力于中国故事的国际表达和有效传播，在探索文学作品影视改编的‘中国方式’上继续有所创新和突破。‘中国故事、东方审美、世界传播’的企业理想会引领慈文传媒的团队创作出艺术性与商业性兼具的精品。”

慈文传媒董事长、总裁　马中骏

创业者说

慈文传媒董事长、总裁　马中骏

影视剧说到底它不是一般的商品，不能按照一般商品的生产流程依葫芦画瓢，尊重并且潜心研究影视产品独有的产业属性、产品特征、产业链存在和发展方式，是公司能够持续进步起来的基础。按照一般公司运营，必须要研究定位，要研究目标，要做中长期战略规划，确定“靶心”，然后开动起来。但影视公司这样做就刻舟求剑了，我们打的是“移动靶”，需要对大众心理、社会变化有非常敏锐的观察，对社会生活发生的各种变化要有及时反应，要去思考背后与人的关联，尤其是对“人性”的研究，只有把这个抓住了，才可能做出具有穿透力、时代感的作品，引起共鸣了商业上自然水到渠成。这是个“笨”功夫，好多创作者未必愿意像我们这样“笨”，愿意较早地投入时间、投入经费去培育养成，所以这个行业很容易出现“一窝蜂”。其实我们常说的“品质”，首先就是来源于这种“笨”功夫的不懈努力。我认为获得成功的不二法宝：一是先知先觉，二是坚持到底。如果硬要说慈文发展了近20年到底有什么值得一说的，就是我们对中国人、中国事的研究、理解比别人更快一步、更深一层，始终恪守自己擅长的，坚持不断刷新自我，向前、向上！

未来，影视传媒行业会在互联网新技术的不断迭代下持续更新，这给影视创作的表现方式，与受众的接触方式提供了无限多的新可能，这大概就是所谓新经济机遇下，慈文将面临最大的挑战，这也是体现中国软实力的精神文化产品弯道超车，进入世界主流话语体系的机遇，所以我们把“中国故事，东方审美，世界表达”作为企业追求。

太合音乐／做音乐产业播种者

经济日报 · 中国经济网记者　吉蕾蕾

企业小传

太合音乐集团 (TAIHE MUSIC GROUP) 作为中国领先的音乐服务机构，是文化创意产业的代表品牌，也是音乐产业的龙头企业。引领音乐行业发展，一直是太合音乐集团秉承的使命与责任。

多年来，凭借卓越的影响力和创造力，太合音乐集团构建了以"艺人综合服务、版权运营发行、视听服务平台、现场活动演出、粉丝互动社群、娱乐整合营销"为主的泛娱乐生态体系，为海量用户、知名品牌与艺人提供了多元化服务。

立足大陆、主导亚洲、影响全球，太合音乐集团旗下拥有太合麦田、海蝶音乐、大石版权、亚神音乐、兵马司唱片等著名音乐厂牌，以及千千音乐、秀动网、Owhat、LavaRadio 等交互服务平台，贯穿音乐上下游全产业链，同时积极推动跨界整合，谋求多方共赢，共同创造社会价值。

人们对音乐总是充满热情。从当初的省吃俭用买磁带、买CD，到付费下载，在线音乐时代的到来，让投身于音乐产业的创业者充满了期待。

对于音乐公司而言，这是好事。组建于2015年4月的新型音乐服务公司——太合音乐集团，拥有2000多万首正版曲库，已经发展成国内最大的音乐版权服务商。从最初的内容生产、版权运营、视听服务，到演出活动、粉丝社群等，太合音乐已悄然完成音乐全产业链的布局。

太合音乐集团董事长兼首席执行官钱实穆说，版权保护是促使音乐产业收入增长的重要原因，而付费用户体量则是影响市场的关键。"我们要坚持做音乐产业的播种者，而不仅仅是收割者，为亿万用户带来更加多元、宽广的音乐服务和产品。"

热爱音乐，看准产业前景

在钱实穆看来，音乐产业的发展潜力不可限量。2015年4月，他带领太合麦田与海蝶音乐、大石版权，联手组建了新型音乐服务公司——太合音乐集团。三大华语音乐厂牌浓缩了整个华语音乐的发展史，联手不只是资本撮合下的抱团发展，而是标志着全球华语音乐市场份额最大的"独角兽"横空出世。

钱实穆戴着黑框眼镜，言谈举止中都透露着文艺范儿。

钱实穆爱音乐，爱唱歌，在北京大学读大学的时候还曾组建过乐队，担任主唱。1991年，钱实穆从北京大学经济管理系毕业，经历了几家公司后，逐渐在投资圈崭露头角。或许是一直难忘初心，钱实穆始终惦记着音乐产业。在他看来，音乐产业的发展潜力不可限量。

在2002年以前，音乐圈还处于唱片时代，大多数音乐公司的重心仍然放在流行音乐的推广和对流行艺人的打造上。然而，随着互联网的迅猛发展，音乐产业先后从唱片磁带时代、CD时代进入MP3时代、在线音乐时代，这一变化让钱实穆找到了事业发展的契机。

太合音乐集团旗下千千音乐是中国音乐门户之一

1986 年成立的海蝶音乐，是传统唱片时代的代表，旗下培养了众多的优秀制作人和知名艺人，覆盖中国大陆、中国香港、中国台湾与新加坡、马来西亚五大华语地区。

而 1996 年成立的麦田音乐，同样致力于中国内地原创音乐作品和人才的发掘，2004 年被太合全资收购后更名为太合麦田，几乎成为流行音乐的代名词，也是音乐行业发展的领军者。而大石版权则以专业的词曲创作著称，服务几乎覆盖了整个的华语音乐圈。

随着互联网的兴起，传统音乐行业遭到了严峻的挑战。2002 年百度 MP3 上线，之后酷狗音乐、QQ 音乐、虾米音乐相继上线，音乐产业也很快进入了在线音乐时代。

“那时，我们也在考虑进入到一个新的阶段，就是把以前遇到的瓶颈、产业链上的所有问题梳理一下，然后用融合创新、生态化的方式重新整合。”钱实穆说，2015 年，太合音乐把用户超过 4 亿的百度音乐收入旗下，从此有了互联网用户的抓手。这也是沿着之前的思路，运用生态布局来帮助艺人、版权、在线音乐进行良性运作。

其实，在线音乐行业中，太合音乐并不是流量最大的，也不是用户最多的。在钱实穆看来，最牛的并不是用户最多、版权最多的音乐平台，而是与整个音乐产业结合最紧密的音乐平台。

组建后的太合音乐按照不同的服务对象，业务模式也有了细分，分别为 P 端（专业用户）、B 端（行业用户）和 C 端（个人用户），不仅覆盖内容生产环节，为音乐人提供音乐制作、企划宣发等综合服务，还可以根据行业用户的推广需求，将内容库分发至行业用户，再由行业用户根据各自场景，以不同产品形态提供给个人用户；同时，还为个人用户提供线上、线下服务，包括百度音乐、秀动、LavaRadio 等音乐服务平台，以及演唱会、LiveHouse 等演出活动及票务服务，还有粉丝和周边运营业务，如 Vae+、Owhat 等。

至此，从内容生产、版权运营、视听服务到演出活动、粉丝社群等，

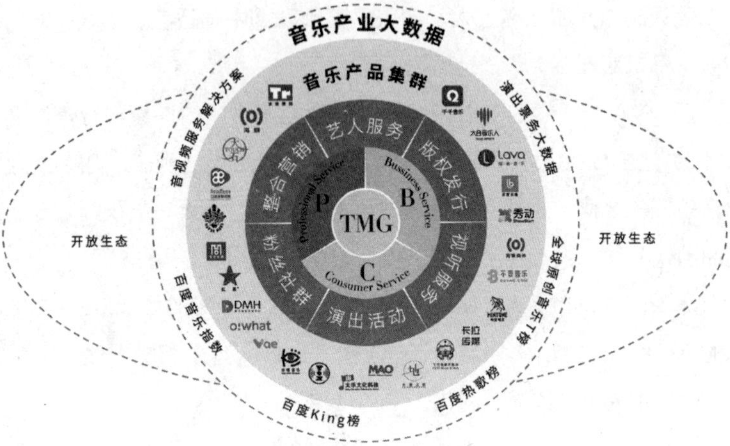

太合音乐集团在完善发展模式的同时也将对其独有的全产业链模式进行一系列升级

太合音乐集团悄然完成了音乐全产业链的布局。

用户至上，提供多元服务

钱实穆认为，布局音乐全产业链生态体系，其最重要的核心便是服务。长期以来，P 端和 B 端的服务都是太合音乐的优势，面对环境的变化，必须找到 C 端。

中国音像与数字出版协会音乐产业促进会发布的《2016 音乐产业发展报告》判断，数字音乐版权已经从“独家”走向“转授权”的共享新形式。平台花大价钱购买音乐版权，原本是希望能够借此发展会员付费、数字专辑，但要培养一直使用免费互联网服务的用户逐渐养成付费习惯仍需要一个过程。对于音乐公司而言，必须转变思路，拓展服务吸引用户。

钱实穆认为，布局音乐全产业链生态体系，其最重要的核心便是服务。对于太合音乐集团来说，服务对象可不仅仅只有海量的 C 端，P 端和 B 端也是非常重要的两大服务板块。

长期以来，P 端和 B 端的服务都是太合音乐的优势，即围绕艺人做服务、代理发行以及发放版权给音乐公司等。可以说，包含腾讯音乐、阿里音乐等，都是太合音乐的服务用户。

但在相当长的时间内，虽然有演唱会、音乐节、LiveHouse 等不同的服务形态，对于海量的 C 端服务，一直是太合音乐的缺失。钱实穆说："这就好比我们卖 CD 会通过音像市场卖一样，谁来买我们的 CD 并不知道。我们基本会把握对流行歌曲、流行艺人的判断，会对市场口味有一个判断，但是对基本用户的判断没那么清楚。"

"在移动互联网时代，音乐公司要长远发展，一定要知道你的用户在哪儿，你的用户是谁，你的用户想要什么服务。"钱实穆坦言，面对新环境的变化，必须要找到 C 端，为其提供有效的服务。

为了扭转在 C 端的不利地位，太合音乐不仅购买了百度音乐播放器的主导权，还和百度的搜索、地图等基础的数据进行连通，从而清晰地了解到用户的行为方式。

按照钱实穆的说法，音乐公司要壮大发展，必须要追赶上技术和市场的变化。"这样，小到某些版权的发放方式，大到对整个 C 端的服务，比如看演出的用户、听歌的用户等，我们能准确知道 C 端在哪儿，C 端是谁，这个渠道会更宽，同时指导我们服务会更精准。"

随着太合音乐对 C 端用户的服务体系的不断扩大，线上、线下服务也在持续发力。全国最大的音乐现场平台秀动网便是最好的例证。如今，大型音乐节、演唱会的组办，也成了太合音乐线下服务的重要组成部分。

如果说 C 端用户的组成是海量的个人用户，而其中含金量更高的便是粉丝群体。2016 年 11 月 25 日，太合音乐宣布战略投资粉丝服务平台 Owhat。Owhat 是国内第一款服务于粉丝会和娱乐公司的客户关系管理工具，目前有 3000 多个粉丝站，付费用户在 50% 以上，平均单个粉丝年消费在 500 元以上。Owhat 以精准定位及深度运营所带来的品质服务，进入到了钱实穆的视线。

在钱实穆看来，交易平台和粉丝服务平台的出发点完全不同，单做交易平台的话，会盯着交易量，就完全没有理解粉丝要什么，粉丝反而不会来。而 Owhat 在理解粉丝服务方面则走得很远，盯着服务而来，这正符合太合音乐的理念。

如今，除了百度音乐、百度音乐人提供的视听服务外，秀动的票务服务、Owhat、Vae+ 的粉丝互动服务、音乐现场等服务也持续增强。钱实穆说，“基于用户的大数据只是给你提供一个方法，数据的意义实际上是在指导你的服务更贴身、更贴切，由其衍生的机会是帮助我们在音乐产业链中的服务能够吸引更多的人”。

保护版权，促进可持续发展

对于音乐公司而言，版权是最重要的资产。钱实穆认为，音乐是长跑型的业务，其本质仍是以内容为基础、以版权运营为核心的生态体系。

对音乐产业来说，版权可以说是整个产业的命脉。为严厉打击未经许可传播音乐作品的侵权盗版行为，逐步实现数字音乐正版化运营，2015 年 7 月，国家版权局下发通知，责令网络音乐服务商停止未经授权传播音乐作品的行为；12 月份，国家新闻出版广电总局又出台了《关于大力推进我国音乐产业发展若干意见》。

随后，16 家音乐服务商下线未经授权的音乐作品 220 余万首。高质量的音乐版权成为各家追逐的目标，价格水涨船高，导致能够在在线音乐市场立足的玩家越来越少。5 年前，文化部统计将近有 2600 家音乐网站，到目前已不足百家。业内人士纷纷叫好，认为这给整个音乐产

2018 年 9 月，太合音乐集团举办首届麦田音乐节

业的健康发展提供了有力保障。

“对于任何一家音乐公司而言，版权肯定是最重要的，版权就是他们的资产。”钱实穆说，音乐的版权形式不像视频或者电影，相对于后者，音乐产品版权具有多场景、多频次、长周期的特性。比如，当你听到一个熟悉的旋律，这个旋律会给你带来很多情绪和回忆。从这方面来讲，音乐的生命力要长于电影。

正因如此，音乐版权对于音乐产业中任何一个从业者来说，都是最重要的资产。与此相呼应，资产的有效性和分发渠道的有效性就变得非常重要。钱实穆说：“在音乐版权资源上，太合音乐肯定是领军者，在分发领域，我们也是多渠道分发商。”

钱实穆说，“我们认为不能光围绕播放器做布局，而是必须整合音乐的全产业链，这也是我们区别于其他家的地方”。他举例说，这就像我们在盖一栋大楼，这栋大楼我们本身是业主，也有租户。购买音乐版权的友商则是二房东，他们的注意力是更多的租金、租给更多的租户，然后去包更多的楼。而太合音乐除了租户以外，还有开发。

钱实穆所说的“大楼开发”，就是音乐版权的生产开发能力。有音乐行业分析师表示，音乐版权作为永续经营资产，其商业价值将会滚雪球般不断放大、增值。但是，是否具有持续的内容生产能力、专业的音乐理解和运营能力的公司，将决定其在原创音乐 IP 价值重估和商业化红利爆发后的市场分量。

为全力推动音乐全产业链的生态体系建设，太合音乐启动了“原创音乐”方面的布局，这既包括太合麦田、海蝶音乐、大石版权的内容生产，也包括对原创音乐人的扶持计划。而后太合音乐集团先后并购亚神音乐、兵马司唱片等，又在全国多个城市落地音乐众创空间 T House。钱实穆认为，对于音乐版权的生产和积累是太合音乐战略层面的要求，包括有效版权的使用以及积累速度等，公司内部有非常明确的一套考核制度。这可能会导致音乐产业的启动期长一些，但从其版权特性来说，它的价值也将是长尾的，而且延续的时间也将更长。

不过，随着版权重视程度日益提高，版权价格也飞速增长。目前，国内一线艺人的专辑版权费已突破千万元，单纯依靠会员付费来支撑盈利的商业模式，音乐公司盈利的预期也愈发模糊。对此，不少音乐公司纷纷向产业链上游领域拓展。

对此，钱实穆并不担忧。他认为，音乐是个长跑型的业务，其本质仍是个以内容为基础、以版权运营为核心的生态体系。“如何把整个盘子做起来，将音乐市场真正健康地推向正轨，才是当务之急。”

对于音乐产业的发展方向，钱实穆也有着自己的理解。中国数字音乐从免费在线试听，到产业链生态建立，中国数字音乐的商业模式得以良性化发展，音乐版权、艺人现状得以被尊重和正视。“未来，音乐市场仍将围绕内容和版权（含直播）展开；另一方面，如何有效深挖IP价值，丰富使用场景，在开发用户的同时实现自我造血，也是未来数字音乐战场的关键。”

太合音乐集团董事长　钱实穆

创业者说

太合音乐集团董事长　钱实穆

对于任何一家音乐公司而言，版权肯定是最重要的，版权就是他们的资产。音乐的版权形式不像视频或者电影，相对于后者，音乐产品版权有三个特性：一、多场景；二、多频次；三、长周期。在音乐版权资源上，太合音乐肯定是领军者。在分发领域，我们也是多渠道分发商。对于音乐版权的生产和累积，这是作为公司战略层面的要求，包括有效版权的使用，以及积累速度等，公司内部有非常明确的KPI考核。音乐产业的启动期可能会长一些，但从其版权特性来说，它的价值也将是长尾的，而且延续的时间也将更长。进一步说，版权保护是促使音乐产业收入增长的重要原因，而付费用户体量则是影响市场的关键。在过去30年的公司发展中，我们坚决地认为不能光围绕播放器做布局，而是必须整合音乐的全产业链，这是我们积累的经验与见解，也是我们区别于其他家的地方。我们要坚持做音乐产业的播种者，而不仅仅是收割者，为亿万用户带来更加多元、宽广的音乐服务和产品。未来，音乐市场仍将围绕内容和版权（含直播）展开；另一方面，如何有效深挖IP价值，丰富使用场景，在开发用户的同时实现自我造血，也是未来数字音乐战场的关键。太合音乐将继续加深、加快对音乐产业的战略布局，推动华语音乐产业的发展。